在湖州看见

美丽警队

现代警务新体系的理论与实践

湖 州 市 警 察 协 会
中国人民公安大学警察法学研究中心 | 编著

法律出版社
LAW PRESS·CHINA
北京

图书在版编目(CIP)数据

在湖州看见美丽警队：现代警务新体系的理论与实践／湖州市警察协会，中国人民公安大学警察法学研究中心编著. -- 北京：法律出版社，2023

ISBN 978 -7 -5197 -8548 -2

Ⅰ. ①在… Ⅱ. ①湖… ②中… Ⅲ. ①公安机关－体制改革－湖州－文集 Ⅳ. ①D631 -53

中国国家版本馆 CIP 数据核字(2023)第 219742 号

在湖州看见美丽警队
——现代警务新体系的理论与实践
ZAI HUZHOU KANJIAN MEILI JINGDUI
—XIANDAI JINGWU XIN TIXI DE LILUN YU SHIJIAN

湖州市警察协会
中国人民公安大学警察法学研究中心 编著

责任编辑 李争春 赵雪慧
装帧设计 李 瞻

出版发行 法律出版社
编辑统筹 法规出版分社
责任校对 张红蕊
责任印制 耿润瑜
经　　销 新华书店

开本 710 毫米×1000 毫米 1/16
印张 18.25　　字数 210 千
版本 2023 年 12 月第 1 版
印次 2023 年 12 月第 1 次印刷
印刷 天津嘉恒印务有限公司

地址:北京市丰台区莲花池西里 7 号(100073)
网址:www.lawpress.com.cn
投稿邮箱:info@lawpress.com.cn
举报盗版邮箱:jbwq@lawpress.com.cn
销售电话:010 -83938349
客服电话:010 -83938350
咨询电话:010 -63939796

书号:ISBN 978 -7 -5197 -8548 -2　　定价:69.80 元

在湖州看见美丽警队

——现代警务新体系的理论与实践

序 言

Preface

《在湖州看见美丽警队——现代警务新体系的理论与实践》凸显了湖州“美丽警队”呈湖州山水之美、人文之美、发展之美的深意，勾勒出因美而生、向美而行和与美共进的脉络。将厚实的哲学、史学、法学等理论基础运用于警务研究领域，将富有创新性的警务实践上升为具有指导意义的理论，从而促进理论与实践的有机结合和统一。行文构思巧妙而灵动，遣词造句活泼而考究，不仅具有严谨的专业性，而且精雕细琢，颇具艺术性。

该书以本体论、认识论、价值论与实践论为指引，从本体论视域阐述了美丽警队之所以是美丽警队应有的内涵，诠释了“美丽警队”存在之象，是基于新时代发展要求背景，湖州公安精神、素养、行为、风貌内化于心、外化于行的集中反映，是“对党忠诚、服务人民、执法公正、纪律严明”的总要求贯穿于警务全过程的彰显；

从认识论维度阐明了湖州警队对美丽湖州认知的程度，建立“美丽警队”根植于“美丽中国”建设，成长于公安工作现代化，绽放于湖州警务之全域的信念；从价值论视角构筑了“美丽警队”的价值体系，梳理绿色发展观、整体系统观、忠诚为民观、和谐共富观；从实践论方面高瞻远瞩地提出以生态警务为引领、以智慧警务为赋能、以人文警务为内驱的战略，继而从战术上提出了“美丽警队”推进的方法，总结了“美丽警队”的成效与启示，展望了“美丽警队”的未来，是对“美丽警队”建设之于平安中国建设和法治中国建设系统化、现代化、可持续化的有益研究。“美丽警队”因护湖州之美、浙江之美、中国之美而自美矣。湖州警队，勇于担当，扛起湖州助力“美丽中国”建设的政治使命，是为彰显警察职责之美；以人为本，保卫人民生活美好、安居乐业，是为发扬警察和善之美；忠诚谋事，塑造公安形象更美誉，是为展现警察真诚之美；探新求变，谱写“美丽警队”发展大图，是为发挥警察勤奋之美。

尤其重要的是，生态警务、智慧警务、人文警务三大体系建设，更是湖州警队求真务实，开拓创新精神的阐扬。湖州公安首创生态警务，是深入贯彻落实习近平生态文明思想，由“绿水青山就是金山银山”理念引领，经过积极探索，生态警务制度和生态治理模式发展成熟，在护浙江之美、中华之美、生态之美与天地之美中功效逐步显现，形成具有辨识度的生态警务“湖州样本”。智慧警务亦是习近平总书记强调的“要把大数据作为推动公安工作创新发展的大引擎，培育战斗力生成新的增长点，全面助推公安工作质量变革、效率变革、动力变革"之要义的发扬，值得高度称赞的是，湖州警队在践行智慧警务中始终坚守科技理性与实践理性，不仅强调大数据、云计算、人工智能等新一代信息技术的支撑作用，更加强调人的参与性，这在全国公安工作中具有示范效应。信息技术是当今公安工作中的一把利器，正所谓机械本身不是人工的，边界才是人工的，要妥善处理类人智能与人类智能的互动关系，机器可以像人一样思考，但人不能被机械化。湖州警队智慧警务发展的核心要旨突出了湖州警队之智，不仅是警务之智，还有人文关怀之智，在智慧警务发展大潮中，具有很强的参考意义。人文警务，湖州警队从湖州地域文化的肥沃土壤中充分汲取营养，以习近平新时代中国特色社会主义思想为指导，以湖州浓厚的哲学思想、人文精神、价值理念、道德规范为基础，弘扬优秀传统文化与公安工作的立场、观点、方法，充实公安队伍建设底蕴，为新时代警务改革注入强大的文化自信和力量源泉，是践行"平常时间能看得出来，关键时刻能冲得出来，危急时刻能豁得出来"要求的现实行动，反映了湖州警队聪察强毅之才和正直中和之德。生态警务、智慧警务和人文警务三者互为联系，是逻辑严谨、层次清晰、作用互补的有机系统，有序地发挥要素之间的结构合力，必致安泰之福。

湖州警队秉持法治理念，结合德治和自治，三管齐下；在制度上，将信息导引、警种协作、警民协同融为一体；在方法上，将传统方法与创新方法结合，注重科技加持和人机互动，全方位、立体化注重提前预防、源头治理、全程监控，为湖州的政治、经济、安全、文化发展保驾护航。总之，这是一部理论基础扎实、内容丰富且颇具特色的作品，无论是实务部门的警务体系建设还是从事警务研究的人员，都能从阅读过程中获得有益的知识和启迪。

中南财经政法大学教授、博士生导师

2023 年 10 月 15 日

目　录

Contents

PART 2 向美而行篇

PART 3　与美共进篇

引　言
Introduction

党的二十大报告指出，中国式现代化是人与自然和谐共生的现代化。建设“美丽中国”是践行习近平生态文明思想、践行绿水青山就是金山银山理念之重要途径，也是立足高质量、谋求新发展，全面建设社会主义现代化国家之重要目标。

“周虽旧邦，其命维新。”创新在中国式现代化中居于核心位置，是引领发展之第一动力，是民族进步之灵魂，也是国家兴旺之源泉。置身于不断前进的伟大时代，公安事业也不例外。坚持改革创新，是推进公安工作高质量发展的重要驱动力。加快构建符合新时代特点、适应实战化要求、具有中国特色的现代警务体系，是提升公安工作整体效能和核心战斗力的必然要求。

“源浚者流长，根深者叶茂。”湖州是绿水青山就是金山银山理念诞生地、中国美丽乡村发源地、绿色发展先行地，是一座精致、厚重、充满张力、承载使命的城市，享“丝绸之府、鱼米之乡、文化之邦”之誉，揽“一部书画史，半部在湖州”之名，怀“行遍江南清丽地，人生只合住湖州”之实，拥自然、人文、富庶、和谐、法治之美——“在湖州看见美丽中国”已然成为湖州最靓丽的城市品牌、最醒目的形象标签。一幅展现中国式现代化的精彩湖州画卷，正在这座历久弥新的江南水乡名城徐徐展开。

天下之治，因时而变，以适应时代变革与发展。近年来，融入自然、时代、人文之大美背景下的湖州公安，深入贯彻习近平生态文明思想，自觉扛起绿水青山就是金山银山理念诞生地的政治担当，坚持守正创新、勇担时代使命，始终锚定“湖州大地更美丽、人民生活更美好、公安形象更美誉”的愿景目标，忠诚谋事、务实干事、和顺共事，在传承的基础上思变革、谋创新、求发展，创造性提出了融“愿景目标、价值导向、战略布局、职责使命、方法路径、品牌引领”于一体的“在湖州看见美丽警队”战略体系建设，并以此作为构建现代警务新体系、提升公安核心战斗力的主要载体和抓手，作为推动湖州公安工作不断迈向现代化的重要的“桥”和“船”，作为全方位、多维度、立体化展现“在湖州看见美丽中国”的公安实践和公安窗口。

“在湖州看见美丽警队”战略体系，坚持把“生态”作为最醒目的标牌，把“智慧”作为催生战斗力的最核心动力源，把“人文”作为最有力的保障，以高质量推进“生态警务、智慧警务、人文警务”建设为牵引，在改革创新的大道实干争先、阔步向前，全面提升公安队伍的核心战斗力和公安工作的现代化水平，并逐步形成了一系列符合时代发展要求，体现实战、实用、实效的战术战法、改革经验、标志性成果，具有鲜明的时代味、湖州味和公安味。生态警务是指以习近平生态文明思想为指导，以“专业带动、全警行动、部门联动、群众发动”为方法路径，以生态警长、生态警务联勤共治工作站、生态警务协同智治应用建设为载体抓手，护美绿水青山、护卫金山银山。智慧警务是指实施大数据战略，以“芯大脑 + 云眼睛 + 智手脚”为运行模式，汇聚人的智慧，赋予物以智能，使汇集智慧的人与具备智能的物互存互动、互补互促，全面助推公安工作质量变革、效率变革、动力变革。人文警务是指以习近平文化思想为引领，践行“三能”要求，坚持政治建警，以人为本，以文化人，以美育人，重视人、尊重人、关心人、爱护人、激励人，锻造一支“忠诚、阳光、美丽、和顺”为特质的公安铁军，激发全警创新创造活力，为推动公安事业发展提供强有力的思想保证、精神动力和文化条件。“在湖州看见美丽警队”战略体系实践过程不断形成、发展、丰富，积极为全国公安警务改革提供了富有借鉴意义的“湖州模式”和“湖州经验体系”。

本书以“在湖州看见美丽警队”为主题和主线，分“因美而生篇、向美而行篇、与美共进篇”共三篇九章，系统阐述了湖州公安在以生态为引领、以智慧为赋能、以人文为内驱，大力推进“在湖州看见美丽警队”战略体系建设，积极构建具有湖州辨识度的现代警务新体系中的实践探索和理论思考，以及对未来警务发展、未来警营建设、未来警队塑造的展望和谋划等。本书既具有实践性，也具有理论性；既可作为工具书，也可作为参考书使用，目的在于提供参考、借鉴，有利于研究和丰富发展。

PART 1

因美而生篇

第一章

“在湖州看见美丽警队”的缘起

“在湖州看见美丽警队”的提出，既源于湖州大地浑然天成的绿水青山，也源于湖州历史深厚源远的人文底蕴，更是湖州公安对“绿水青山就是金山银山”理念一以贯之的忠实践行，以及对现代警务模式改革创新的独到见解。“在湖州看见美丽警队”具有坚实的理论基础，是新时代新征程上湖州公安内在精神、素养、行为、风貌的集中展现。

第一节　“在湖州看见美丽警队”的形成

生态文明建设是关系中华民族永续发展的根本大计，是关系党的使命宗旨的重大政治问题，是关系民生福祉的重大社会问题。它是推动高质量发展、构建人类命运共同体之内在需要，其核心是统筹人与自然和谐发展，以人与自然、人与人、人与社会和谐共生、良性循环、全面发展、持续繁荣为宗旨之社会形态。**随着“绿水青山就是金山银山”理念在浙江湖州安吉诞生，以及从中央到地方的一系列政策、举措的制定与实施，湖州得天独厚的人文、历史、环境优势，催生湖州公安创造性提出“在湖州看见美丽警队”（以下简称“美丽警队”），这既是建设具有湖州辨识度的现代警务新体系之实践探索，也是湖州公安的目标追求。**

人们不禁要问：“美丽警队”建设之源头活水究竟从何而来？为何具有如此强大的生命力？

一、“美丽警队”的萌芽提出

“美丽警队”建设源于与时代“同频共振”，蕴含着“先行论”思维。《兵经百言》云：“兵有先天，有先机，有先手，有先声……先为最，先天之用尤为最，能用先者，能运全经矣。”湖州公安擅下“先手棋”、敢做“先行者”、勇领“时代风”。

其一，“美丽警队”建设源于政治时代使命之担当。捍卫“绿水青山就是金山银山”初心，是湖州公安使命所在、职责所系。2005 年 8 月 15 日，时任浙江省省委书记的习近平同志到安吉余村考察时，首次提出“绿水青山就是金山银山”的重要科学论断，内蕴着马克思主义本体论、认识论、方法论、价值论、实践论立场，是以马克思主义指导生态文明建设的最新理论。以“绿水青山就是金山银山”理念为起点，掀起了一场政绩观变革的巨大波澜，绿色发展理念得到确立，变“重金山”为“重青山”；自然人文并存得到关注，变“卖石头”为“卖风情”；文化传承与创新得到重视，变“挖景致”为“塑文化”；乡村生态旅游得到激活，变“当配角”到“唱主角”。时隔 15 年，2020 年 3 月 30 日，习近平总书记再次来到安吉余村，强调：“绿色发展的路子是正确的，路子选对了就要坚持走下去。”① 如今，“绿水青山就是金山银山”理念已经成为

① 张晓松等：《时隔 15 年，习近平再到安吉县余村考察》，载人民网 2020 年 3 月 31 日，http://jhsjk.people.cn/article/31655775。

全社会的共识，成为习近平生态文明思想的重要组成部分，“美丽中国”建设已成为我国现代化发展、民族复兴的主旋律[①]。作为“绿水青山就是金山银山”理念诞生地的公安机关，建设好“美丽警队”、守护好“美丽湖州”，其根本源自捍卫“绿水青山就是金山银山”理念的初心和使命、责任和担当。湖州的自然生态之美、经济发展之美、开放自信之美、地方人文之美、社会和谐之美、民生幸福之美、政治清明之美、干部勤廉之美、大众奋进之美等，同样也是催生、发展“美丽警队”的重要源头。

自然生态之美	经济发展之美	开放自信之美
地方人文之美	社会和谐之美	民生幸福之美
政治清明之美	干部勤廉之美	大众奋进之美

其二，“美丽警队”建设源于参创城市品牌之担当。2020年，湖州市大力推广“在湖州看见美丽中国”城市品牌建设。2022年，湖州市委经过深入调研，精心谋划开展“在湖州看见美丽中国”实干争先主题实践，并将此作为湖州全面贯彻落实党的二十大精神的

① 建设美丽中国是在党的十八大上首次作为执政理念提出的。2017年10月18日，习近平总书记在党的十九大报告中指出，加快生态文明体制改革，建设美丽中国。2018年5月18日至19日，习近平总书记在全国生态环境保护大会上发表重要讲话，指出要通过加快构建生态、文明体系，确保到2035年美丽中国目标基本实现，到21世纪中叶建成美丽中国。2019年10月，党的十九届四中全会强调，必须践行绿水青山就是金山银山的理念，坚定走生产发展、生活富裕、生态良好的文明发展道路，建设美丽中国。2023年7月17日至18日，习近平总书记在全国生态环境保护大会上发表重要讲话强调，把建设美丽中国摆在强国建设、民族复兴的突出位置。

总载体、总抓手，加快打造“六个新湖州”[①]，高水平建设生态文明典范城市，奋力开辟“在湖州看见美丽中国”新境界。为营造“在湖州看见美丽中国”城市品牌建设氛围，彰显实干争先成效，湖州市委市政府研究出台《湖州市生态文明典范城市建设综合评价办法》，首创“生态鼎”评选，确定获得生态鼎的条件，以及由生态鼎向生态鼎（银鼎）、生态鼎（金鼎）的升级规则，每年还评选一个市生态文明冠军鼎。生态鼎的设立开启了全市各地各域“夺鼎”“守鼎”“升鼎”的新征程，这既是为再攀生态文明建设高峰而铸就的荣誉鼎，也是践行“绿水青山就是金山银山”理念中举措的再创新、再突破。同时，对区域内发生重大以上突发环境事件或破坏生态环境违法犯罪重点案件，受到国家部委、省政府书面通报批评的，予以“一票否决”，取消评优资格。科学、务实的举措有力推动了“在湖州看见美丽中国”城市品牌建设，也强化和激发了湖州公安参创城市品牌的责任和使命担当。

其三，“美丽警队”建设源于维护历史文化之担当。湖州是一座具有5000年文明史、近2300年建置史的国家历史文化名城，坐拥历史文化之美，物华天宝、人杰地灵，具有丰富的古式建筑、传统手艺、民俗文化，是丝之源、笔之源、茶之源、瓷之源，涌现了一批诸如茅盾、赵孟頫、吴昌硕、沈尹默等文学家和书法家。

其四，“美丽警队”建设源于守创法治文化之担当。湖州是中

① 2022年6月，湖州市委市政府提出“六个新湖州”，其具体内容为：实力新湖州、活力新湖州、品质新湖州、人文新湖州、美丽新湖州、幸福新湖州。

国法律现代化和中国近代刑法之父、法学泰斗沈家本的故里，一直以来，湖州全市上下持续擦亮“家本故里、法治湖州”金名片，始终以法治文化熏陶厚植法治根基。近年来，湖州法治建设在浙江省乃至全国实力出圈，成功获评首批全国法治政府建设示范市、首批法治浙江（法治政府）建设示范市，形成新时代乡村治理“余村经验”、矛盾纠纷调处化解“最多跑一地”安吉样板、镇域治理“织里经验”等一系列法治成果。截至2022年，湖州在法治浙江考核中连续5年位列全省前三。

其五，“美丽警队”建设源于守护自然风光之担当。居太湖之滨之湖州，坐拥烟波浩渺的太湖，“太湖三万六千顷，多少清风与明月”是文人墨客笔下的诗篇和情怀；“太湖美，美就美在太湖水”，响彻大江南北。巍巍天目、莫干雄姿屹立，成为避暑胜地。古老运河穿城而过，诉说着千年故事。作为中国五大淡水湖之一的太湖，拥有秀丽风景，韵味十足，并孕育着丰富的生态系统。湖州城市建成区绿色覆盖率、绿地率均列浙江省第一位，是首批国家生态文明建设示范市，也是全球唯一的生态文明国际合作示范区。

其六，“美丽警队”建设源于公安传承发展之担当。从建设“服务型”公安机关到“三好六有”农村警务，到“警务广场”战略，到“防为主、防为上”理念、“守青山、护绿水”专项行动等，湖州公安始终坚持守正创新，不断发展升华警务理念。“美丽警队”正是时代发展要求与湖州地域特色和人文底蕴相结合的产物，体现了湖州公安守护美、追求美、创造美的恒心。

2020年年底，置身“绿水青山就是金山银山”理念诞生地的湖州公安，继续发扬敢为人先、勇立潮头的精神，在总结多年来实施护航生态“专项行动”的基础上，将碎片化、阶段性的专项行动迭代升级为系统化、长期性的警务战略，从更高的政治站位和历史方位考量，逐步探索出一条符合本地实情、具有公安特色、辨识度鲜明的现代警务新体系建设道路。几代湖州公安人的不懈追求和接续奋斗，有力地推动了湖州公安工作的发展进步、迭代升级。**2021年4月，湖州公安呼应“在湖州看见美丽中国”品牌建设，创造性提出“在湖州看见美丽警队”**，凸显绿水青山的守护之美，以及由此延伸拓展的绿色发展观念。

“落其实者思其树，饮其流者怀其源。”“美丽警队”建设之所以能取得显著成效，是因为它聆听了时代之声音，触摸了时代之脉搏，回应了时代之需要。它之所以能彰显其强大的生机活力，是因为它与时代产生共振共鸣，在于它从时代和变革中来，从调研和实践中来，从传承和发展中来。

二、“美丽警队”的理论认知

恩格斯在《自然辩证法》中对唯物辩证法总结道：“辩证法是关

于自然、人类社会和思维运动的最一般的规律。”[①]“与万物普遍联系”和“按自身规律永恒发展”是世界存在的两个总的基本特征，既是宇宙观，又是认识论和方法论。以自然界、人类社会和思维发展的一般规律为研究对象，是辩证法思想发展的高级形态，而“美丽警队”恰恰是唯物辩证法的具体生动实践。恩格斯曾经说过，地球上最美丽的花朵是思维着的精神。置身于太湖之滨的湖州公安，坚持思路决定出路，在“美丽中国”“在湖州看见美丽中国”建设中找到了密码和载体，形成向“湖”而生的“美丽警队”建设战略格局，其中蕴含着认识论、方法论和实践论的智慧和魅力，以“破圈”之力实现“出圈”之态，展示了湖州公安大气的文化品质和追求卓越之文化基因。

（一）“美丽警队”根植于美丽中国建设

“美丽警队”是唯物辩证法中运用联系的观点的具体实践。联系是指一切事物之间以及事物内部诸要素之间的相互影响、相互制约、相互作用，世界上的一切事物都处于联系之中。社会是一个相互联系和作用的有机整体，整体和局部是客观事物普遍联系的一种形式，它们相互联系、相互影响、不可分割。实践证明，“美丽警队”建设不是移植舶来的，也不是现成可取的。“美丽警队”在“美丽中国”“在湖州看见美丽中国”建设的时代背景下应运而生。党的十九大报告中指出，加快生态文明体制改革，建设美丽中国。“美

① 中共中央马克思恩格斯列宁斯大林著作编译局编：《马克思恩格斯选集》（第4卷），人民出版社1995年版，第310页。

丽中国”建设突出生态文明建设，融入经济、政治、文化、社会各方面和全过程，倡导尊重、顺应和保护自然的基本理念。**在努力打造湖州成为美丽中国的集成之地、浓缩之地、经典之地的浓厚氛围中，湖州市委市政府提出打造“在湖州看见美丽中国”品牌，这是“美丽中国”的地方实践，也是其不可分割之有机组成。**根植于“美丽中国”与“在湖州看见美丽中国”的沃土，“美丽警队”立足湖州热土，以实现“湖州大地更美丽，人民生活更美好，公安形象更美誉”为愿景目标，以建设生态之美、活力之美、平安之美、幸福之美、形象之美为己任，是“美丽中国”建设在湖州公安之生动实践；以对自然的尊重、顺应和护卫为基础，进行扩展和丰富，是“在湖州看见美丽中国”的公安篇章。“美丽中国”与“在湖州看见美丽中国”“美丽警队”是整体与局部的关系，“美丽警队”根植于沃土之中，助推美丽湖州乃至美丽中国发展目标的实现。

（二）“美丽警队”成长于公安工作现代化

“美丽警队”是唯物辩证法中运用发展的观点的具体实践。发展是指事物具有前进上升性质的变化，是事物由低级到高级、从简单到复杂的变化，事物的发展是由辩证否定所构成的链条，事物的每一次发展都是对事物不好的、消极反面的舍弃，对好的、积极方面的保留，同时又吸收了新的积极因素，这也是辩证否定即扬弃的过程。“美丽警队”在发展过程中不断螺旋式上升并迭代升级，向着公安工作现代化前进。“来而不可失者，时也；蹈而不可失者，机也。”机遇从来不会从天而降，也不会轻易施舍，它具有“隐身”“串门”“易容”之脾性，守株待兔等不到机遇，唯有长有慧眼并主动出击，才能得到机遇垂青。在追求公安工作高质量发展并迈向现代化的进程中，湖州公安敏锐地抓住“美丽警队”建设升级迭代的机遇并努力推动之。

习近平总书记对公安工作高度重视，系统总结了党领导公安工作的规律和经验，拓展了马克思主义的国家理论和人民民主专政理论，开拓了实现公安工作现代化使命目标的视野，丰富了其内涵标准，强化了加快公安工作现代化建设步伐的使命责任。**2023 年全国公安厅局长会议提出，要紧紧围绕贯彻落实党的二十大精神、奋力推进公安工作现代化这一主题主线。**公安工作现代化既是目标，也是过程，在不断发展的过程中，就是要强化党对公安工作绝对领导，以捍卫政治安全体系、维护社会稳定体系、公共安全治理体系三大职能体系建设为突破口，加快构建符合新发展阶段要求、体现实战化特点、具有中国特色的现代警务体系；把制度建设摆到更加突出的位置，推动公安工作系统集成、协同高效；健全公安管理体制，推进公安组织形态现代化，强化机构整合和职能配置，推进组织扁平化，降低运行成本，提高工作效率；坚持和发展新时代“枫桥经验”，完善社会治理共同体建设。湖州公安推动“美丽警队”、实现“三个更美”愿景，既符合现代警务的演进趋势，又能高效助推公安工作，是公安工作现代化的湖州样本。

（三）“美丽警队”绽放于湖州警务之全域

“美丽警队”是唯物辩证法中运用全面的观点的具体实践。世界上任何事物都包含矛盾，矛盾是既对立又统一的关系，因此要用全面的观点看问题。“不谋全局者，不足以谋一域。”“美丽警队”是以“三个更美”愿景目标为方向，从其覆盖面看，涵盖了警务工作和队伍建设等各个方面；从其方向性论，覆盖了湖州生态、经济、社会等各个领域。通过多年探索，湖州公安对“美丽警队”的认识不断加深，敏锐而深刻地体会到这是一项复杂的、动态的系统工程，必须在全局中定位、在整体中思考、在大局下行动，加强前瞻性思考、战略性研究、整体性布局。在这样的现实背景下，湖州公安自觉把习近平生态文明思想、习近平法治思想、习近平文化思想融入公安工作全过程，以全力护航“美丽中国”建设为职责使命，全方位、多层次、立体化护卫湖州生态、经济、政治、文化及社会“五位一体”的建设，立足基层阵地协同、部门执法协同、区域合作协同，不断深化和发展协同体系建设的内涵和外延，形成“全市一盘棋、全域一张网”的治理格局，助力湖州实现生态良好、经济繁荣、政治和谐、人民幸福，满足人民对“美好生活”的追求。“美丽警队”就是立足这样的高站位、高起点，进行湖州公安工作的顶层设计，谋划当前与未来发展，在市域治理体系和治理能力现代化建设中扮演无可替代的重要角色。

第二节 “在湖州看见美丽警队”的内涵

美是一种感受，是对客观事物外在表现的总体评价，是一种由内到外之美。“美丽警队”是基于新时代发展要求背景，湖州公安内在精神、素养、行为、风貌的集中反映，是内化于心、外化于行的结果，是“十六字总要求”[①]贯穿于警务全过程的体现和反映。

世上唯一不变的就是“变”，时代之变正以前所未有的方式展开，置身其中的湖州公安也在经历着深刻变革。“美丽警队”是高素质队伍的集中反映，那么，湖州公安究竟因何而呈现美？又因何能成其美？

一、“美丽警队”缘何冠美

“美丽警队”是美学、生态学和社会学等多学科概念的统一，

① “十六字总要求”，即对党忠诚、服务人民、执法公正、纪律严明。

是治警理念与警队建设的融合，是时代趋势、人民呼声与湖州公安智慧的结晶，是自然美、社会美、警营美相生相谐的大美，是警队精神之美、行动之美、形象之美。“美丽警队”始终坚持在捍卫国家政治安全、维护社会安定、服务经济安稳、保障人民安宁的最前沿，实干争先、奋勇前行，担当有为、激情奔跑，奋力谱写平安湖州新篇章。

“美丽警队”其要旨就是要坚持人民公安为人民，坚持政治建警、改革强警、科技兴警、从严治警，抓好守青山、护绿水、防风险、保安全、护稳定、促发展，实现湖州人民对“美好生活”的追求，助推实现中华民族伟大复兴的中国梦。这是“美丽警队”美丽之所在，也是其得名之所在。

二、“美丽警队”缘何能美

“在湖州看见美丽警队”既是具有勇气和胆识的誓言与承诺，也体现湖州公安敢为人先、奋勇前行，实现跨越式发展、奔向警务现代化的时代担当。

在忠诚谋事中看见美。忠诚源于心、始于言、践于行，既是品质之体现，也是德行之反映，唯有秉持忠诚，方能成就事业、通向荣耀。忠诚是公安机关的第一政治属性，包含对党、国家、法律和人民等之“忠”和“诚”。湖州公安始终坚持纲举目张，将忠诚置于谋事之前、谋事之上，旗帜鲜明讲政治、讲大局、讲使命。无论是公安工作还是队伍建设，在谋篇布局时，坚持用习近平新时代中国特色社会主义思想武装头脑、指导实践，时刻保持公安工作与政治方向、政治路线、政治立场高度一致。注重政治判断力、政治领悟力、政治执行力，争做“两个确立”的忠诚拥护者、“两个维护”的示范引领者。湖州公安永远保持一身正气，坚持以党性立身做事，面对错误思潮和言论，坚决抵制反击，在大是大非面前敢于鲜明亮剑，在矛盾冲突面前敢于迎难而上，在歪风邪气面前敢于坚决斗争。湖州公安努力锻造“重要窗口”示范样本，在忠诚本色中彰显美。

在务实干事中发掘美。道固远，笃行可至；事虽巨，坚为必成。[①] 湖州公安秉持大道至简、实干为要和务实笃行、行稳致远理念，坚持目标引领、差距管理、过程控制、考核激励、以实绩论英雄，以“实干争先”主题实践为总载体、总抓手，在“美丽警队”建设中锐意进取、勇毅前行，压茬推进公安工作现代化，展现蓬勃向上的精神风貌；以时不我待、只争朝夕的精神，务实干练的作风，切实肩负起新时代湖州公安的职责使命，自觉融入湖州市发展大局，做到“中心工作推进到哪里，公安工作就跟进到哪里、保障到哪里”；沿着“绿水青山就是金山银山”的路子坚定前行，当好“重要窗口”示范样本和湖州经济社会发展的护航者，不断增强湖州百姓的获得感、幸福感、安全感；在提升核心战斗力上下功夫，持续提升队伍战略能力、组织能力、变革能力，正警风、强活力、严纪律；围绕“走在前列”

---

① 释义：路途本来非常遥远，切实地去做就能到达，事情即便很大，意志坚定就一定能成功。一个人也好，一个国家也好，最可贵的就是心中有梦想，并且为实现梦想不惧风雨、实干笃行、砥砺奋斗。

始终保持奋斗姿态，对标“市县主战、派出所主防、全警主训”职能定位，聚焦体系构建，坚持技术、机制、体制“三轮驱动”，推动整体工作取得新突破。总的来说，就是确保每一个湖州公安人找寻到自身职业的价值和魅力，勇当时代的筑梦人、追梦人、圆梦人，在务实底色中根植美。

在和顺共事中展现美。和顺之美胜于作乐之声。湖州公安是个大家族，包含着1.1万名民警和辅警，还有背后长期默默支持的警属。和顺氛围，是事成业兴的支撑和保障。湖州公安融于具有深厚底蕴的人文土壤，在以人为本的时代强音下，主张弘扬民本文化、英雄文化、爱警文化、团队文化，努力在队伍中构建和顺奋进、团结有为的氛围，纵深推进警队文化建设，打造同愿同行、同甘同苦、同心同德、同力同责的战队特色，提升团队动员力、凝聚力、战斗力。坚持“严就要严到心惊肉跳、爱就要爱到意想不到”，全方位落实暖警爱警举措，为提高基层队伍核心战斗力汇聚强大精神能量，同时全面加强从严管党治警，深入推进队伍安全隐患排查见底行动。以全面打造“菰城美警365”党建品牌为抓手，坚持目标导向和问题导向，全面深化清廉机关、清廉派出所、清廉交警队建设，在和顺气色中展示美。

总之，**“美丽警队”既具丰富思想内涵，也具务实干事作风，更具和谐警营氛围，**并推动湖州公安以蓬勃朝气、昂扬锐气、浩然正气之态势，朝着“三个更美”愿景阔步前进。

在忠诚谋事中看见美

在务实干事中发掘美

在和顺共事中展现美

三、“美丽警队”缘何而美

探究“美丽警队”之内涵，不难发现，“美丽警队”能美，其根本就是湖州公安秉持讲政治、讲大局、重实干、重创新，始终体现“党政有呼，公安必应”和“以人民为中心”。“美丽警队”是湖州公安最强辨识度，是警民共享共创之美，是立体呈现之美，是有形的外在之美与无形的内秀之美相融合和统一之美，其实质是湖州公安追求的一种文明发展新境界、新形态，这既是愿景也是承诺。其内涵包括三个层次：**首先，美是指人与自然和谐共生之美，即自然环境之美与格局之美。**建设“美丽警队”，要尊重自然、顺应自然、保护自然，维护自然环境之美。站在生态文明建设者和维护者政治高位，贯彻“绿水青山就是金山银山”理念，主动融入生态保护、生态治理大格局，这是湖州“美丽警队”建设的政治担当和首要任务。**其次，美是指经济社会发展与生态环境互促共赢之美，即制度之美与行动之美。**立足新的发展阶段、贯彻新的发展理念，找准经济社会发展与生态环境结合点，以经济社会发展的大局统揽公安工作、以新安全格局保障新发展格局、以高水平安全保障高质量发展，这是“美丽警队”建设的时代要求。**最后，美是指警民关系之美。**建设“美丽警队”，根本就在于以百姓之心为心，顺应民心、尊重民意、关注民情、致力民生，就是要将人民对美好生活的向往化为警队发展愿景，将人民诉求转化为警务行动，将人民满意转化为“美丽警队”的评价标准。民有所呼，警有所应，这是建设美丽警队的原点，也是归宿。

探究“美丽警队”之本质，不难发现，政治引领性、和谐统一性、时代发展性是本质特征的重要组成。其一，彰显政治引领性。湖州公安切实增强“四个意识”、坚定“四个自信”、做到“两个维护”，以党的旗帜为旗帜、以党的意志为意志、以党的使命为使命。听党指挥、忠于使命，切实把党的绝对领导贯彻落实到“美丽警队”建设的各方面和全过程，使之成为湖州公安矢志不渝的坚定信念。其二，彰显和谐统一性。“美丽警队”既是湖州警队的价值追求，也是湖州公安的品牌形象。“美”是警队护守生态之美、护航经济之美、护卫平安之美、护佑民生之美、护强警队之美、护立形象之美的总和，体现了湖州公安旨在追求一种人与自然、社会发展与生态环境、人民公安和人民群众和谐共生、互促共赢、协调一体的境界，体现了价值、道路和目标的统一。其三，彰显时代发展性。警务工作只有与时俱进，与所处时代同频共振，才能具有旺盛的生命力。湖州公安在继承中丰富，在创新中发展，将历届党委作出的重服务、重基层、重民意、重防范等警务理念融入新时代公安工作大框架，构建湖州现代警务新体系。以现代警务新体系建设实现“美丽警队”是湖州公安代代相传的接续奋斗，立足于人民对美好生活的向往、深化和谐警民关系之基础上，创造性提出将自然与人民、警队三者有机结合的成果。尽管“美丽警队”在不同时期的具体目标和外在表现有所不同，具体提法和运行体系有所不同，但核心价值追求始终不变，并随着时代发展与时俱进地赋予新的生命与内涵，逐渐生根、开花、结果，体现了静态理想与动态演绎的高度统一。

湖州大地更美丽

人民生活更美好

公安形象更美誉

第二章

“美丽警队”的价值导向

价值导向是指一个组织或个人将某种价值取向确定为主导的追求方向。党的十八大以来，习近平总书记高度重视价值观，强调“价值观念在一定社会的文化中是起中轴作用的，文化的影响力首先是价值观念的影响力”[①]。湖州公安的价值体系、目标体系和评价体系内核统一、相互补充、互相融合，从不同的角度诠释了“美丽警队”的价值导向，是新时代湖州公安的灵魂所在，也是构建其现代警务新体系的关键要素，为推动湖州公安工作现代化提供了行动指南。

① 中共中央文献研究室编：《习近平关于社会主义文化建设论述摘编》，中央文献出版社 2017 年版，第 105 页。

第一节 “美丽警队”的价值体系

价值，泛指客体对于主体表现出来的积极意义和有用性，在哲学上，首先是揭示外部客观世界对于满足人需要的意义关系的范畴，其形成实质是主客体之间需要与满足关系的不断生成，源自主体需要。价值体系则是人们对各种人生目的、实践活动中事物和现象进行评价、决定取舍的观点体系。

美丽是事物或团队在受众中产生的直观表象，那么，透过现象看本质，“美丽警队”的价值所在究竟包含哪些内容？又如何体现在发展大局之中？

一、绿色发展观

湖州公安实现“湖州大地更美丽”的愿景，就是把实现经济、社会和环境的可持续发展作为绿色发展的目标，大力推进生态警务建设，有效防范自然环境的污染、破坏，保护自然环境，保持和发展生态平衡，协调人与自然环境的关系，以保证自然环境与人类社会的共同发展。坚持绿色发展观是建设美丽中国、实现中华民族伟大复兴的内在要求，关系到新时代坚持和发展什么样的中国特色社会主义，怎样坚持和发展中国特色社会主义。

绿色发展是一场深刻的发展观革命。坚持以生态文明建设为基本抓手，以“人与自然和谐共生”为价值取向，以绿色低碳循环为主要原则。从内涵看，绿色发展是在传统发展基础上的一种模式创新，是建立在生态环境容量和资源承载力的约束条件下，将环境保护作为实现可持续发展重要支柱的一种新型发展模式，旨在推动经济社会发展绿色化、低碳化。

绿色发展是一场深刻的现代化革命。人与自然和谐共生的现代化把坚持人与自然和谐共生作为基本方略，坚持“绿水青山就是金山银山”理念，强调作为满足人民美好生活需要的过程，既要创造更多的物质财富和精神财富，又要提供更多优质生态产品。保护自然是发展不可分割的有机组成，保护生态环境就是保护生产力，改善生态环境就是发展生产力。

绿色发展也是一场深刻的治理革命。政府、市场、社会嵌套的三维模式中，公安机关结合自身职责，须切实发挥“打、防、治”的作用。发展既是事实问题，也是价值问题。在全面建设社会主义现代化国家进程中，虽然社会财富在快速增长，人民的物质文化生活水平在大幅提高，但离人民期盼的“美好生活”仍然存在距离。经济发展起来之后，人民群众对优美生态环境的需要不断增长，由“盼温饱”变“盼环保”、由“求生存”变“求生态”成为一种趋势。

绿色发展彰显新时代实践价值指向。习近平总书记指出，“发展理念是战略性、纲领性、引领性的东西，是发展思路、发展方向、发展着力点的集中体现。发展理念搞对了，目标任务就好定了，政策举措跟着也就好定了”[①]。绿色发展是新时代推进生态文明建设的内在要求，是绿色与发展的统一，既要绿色又要发展，发展与生态协同推进。

二、整体系统观

湖州公安在“美丽警队”建设中坚持马克思主义系统观念，立足科技手段现代化，注重系统集成、坚持实战导向、推进深度融合，坚持高起点规划、高水平建设，着力提高防范化解风险的精准性、打击违法犯罪的实效性、执法司法的公正性、公共服务的便捷性。

马克思主义系统观是一种科学的系统观。它属于认识论和方法论范畴，既是观点和方法，也是实践经验总结。按照马克思辩证唯物主义的思维逻辑，系统观念就是把系统看作由不同要素基于一定

① 《以新的发展理念引领发展，夺取全面建成小康社会决胜阶段的伟大胜利》（2015 年 10 月 29 日），习近平总书记在党的十八届五中全会第二次全体会议上的讲话。

关系或结构结合而成的具有特定功能的有机整体，运用系统思维来分析事物的本质和内在联系、把握事物的发展规律、处理事物发展矛盾的方法。科学系统观运用唯物辩证法深刻地分析了现代社会人与自然、人与人（社会）的整体联系，整个自然世界和社会不仅是运动发展的过程集合体，而且各个领域内部和领域之间存在“近乎系统的形式”的内在逻辑联系。

马克思主义系统观注重系统的动态性和联系性。任何系统都不是固定的、一成不变的，而是处于一定环境中，与外界环境有着千丝万缕的联系，随着时间推移不断发生变化，始终处于动态平衡过程之中。系统的动态性要求把握并遵循事物之间普遍联系的客观规律，着眼于系统的动态性，对事物发展环境进行系统分析和整体把握。这要求我们要深刻认识我国社会主要矛盾变化所带来的新特征和新要求，洞悉经济社会发展的新趋势新变化，以做到科学应变。“善弈者谋势，善谋者致远。”树立大局意识、加强全局性谋划，做到善于了解局部、谋划全局，对全局和局部之间的相互关系进行综合立体式分析。这要求通过加强顶层设计和谋划全局来增强发展的整体性。事物的发展就是系统各要素之间不断相互联系、相互作用的过程，这个过程推动系统诸要素协同发展和整体加强。

马克思主义系统观注重点到全局的突破。优化系统结构，必须找出对整个系统起决定作用的中心要素，将其作为系统结构的支撑点，通过一个点的突破带动全局的发展，以使系统获得最佳效能、实现最优目标。这要求经济社会发展中，必须坚持马克思主义系统观的结构性原则，充分认识发展过程中各领域、各环节间的关联性和协同性，善于抓住经济社会发展的主要矛盾和矛盾的主要方面，努力在重要领域和关键环节改革上取得新突破，以此牵引和带动其他领域改革，使各方面改革协同推进，进而形成合力，最终实现各领域间的协调并存、相互促进、共同进步。

三、忠诚为民观

不忘初心，方得始终。这既是中国共产党人的初心和使命，也是湖州公安的初心和使命，其目的就是为中国人民谋幸福，为中华民族谋复兴。实现人民对美好生活的向往，是包括湖州公安在内的所有共产党人的奋斗目标。

忠诚是人民警察的灵魂。它是使命、责任、觉悟和行为的综合反映，是人民警察最宝贵的政治品格。铸就忠诚警魂，要求人民警察在任何时候、任何情况下，都要忠于党、忠于国家、忠于人民、忠于法律，成为党和人民的忠诚卫士。忠于党是最为重要、最为根本的政治要求，是对党的无限崇敬和无比信赖；忠于国家是爱国主义精神的重要体现；忠于人民是人民警察性质和宗旨的必然要求；忠于法律是人民警察最根本的履职要求。警察的忠诚是一种职业信仰，是警察对事业的追求、对职业恪守的行为标准，是一种尽心尽力、全力以赴承担责任的道德品质。这是人民警察的基本政治品质，也是人民警察核心价值观的灵魂。

全心全意为人民服务是人民警察的根本宗旨。中国共产党始终代表中国最广大人民的根本利益，以维护最广大人民的根本利益为出发点和落脚点；坚持一切为了人民，一切依靠人民，从群众中来，到群众中去，把人民群众满意不满意作为衡量工作的标准。立警为公、执法为民是人民警察使命和责任的根本归宿，也是人民警察核心价值观的体现。湖州公安在践行让“人民生活更美好”的诺言中，时刻秉持忠诚为民的价值观，以人文警务发挥党建引领优势、正向激励优势、典型示范优势，奋发有为，不断进取，实现“公安形象更美誉”，向人民交出一份份满意答卷。

四、和谐共富观

共同富裕是社会主义的本质要求，是中国式现代化的重要特征。2021 年 6 月 10 日，《中共中央、国务院关于支持浙江高质量发展建设共同富裕示范区的意见》发布，支持鼓励浙江先行探索高质量发展建设共同富裕示范区。为护航中国式现代化建设、实现人民对美好生活向往，湖州公安始终将警务工作融入和谐共富大局，以开拓创新和与时俱进的精神，着力构建并推进现代警务新体系，通过积极创新社会治理、努力探索社会治理体系和治理能力现代化，真正创建和谐共富建设“护卫舰”，推动建设品质湖州，助推现代化滨湖大城市建设，争做和谐共富的生力军。

和谐共富事关社会主义建设和改革发展大局。中国共产党几代领导集体高屋建瓴，运筹帷幄，强调共同富裕是社会主义必须坚持的重大原则，是体现社会主义优越性的重要方面。实现共同富裕既是社会主义理论的基本价值，又是社会主义实践的内在要求，既具历史必然性，又具现实可行性。从某种程度看，实现社会主义现代化的过程，也是实现共同富裕的过程，二者具有内在一致性。共同富裕是社会主义制度优越性的直接体现。

和谐共富是走中国式现代化道路之必然要求。中国式现代化道路是马克思主义基本原理同中国具体实际相结合、同中华优秀传统文化相结合的伟大创造。中华优秀传统文化中包含丰富的勤劳致富、共同富裕的朴素思想，如管仲之“仓廪实而知礼节，衣食足而知荣辱”，《左传》之“民生在勤，勤则不匮”等。

和谐共富开辟了实现全面发展的精神境界。习近平总书记指出，“我们说的共同富裕是全体人民共同富裕，是人民群众物质生活和精神生活都富裕，不是少数人的富裕，也不是整齐划一的平均主义”[①]。精神生活的共同富裕必然对人的全面发展发挥重要作用，包括升华社会心理、推动上层建筑的变革等。从范围来看，共同富裕涵盖全体人民。从内涵来看，共同富裕不仅是物质财富的极大丰裕，而且是涵盖物质、精神、文化、生态、社会等相关领域的多维度富裕，是人的全面发展，是物质文明、政治文明、精神文明、社会文明、生态文明的全面提升。

---

① 习近平：《习近平著作选读》（第2卷），人民出版社2023年版，第501页。

第二节　“美丽警队”的目标体系

2020年9月，湖州公安以“绿水青山就是金山银山”理念为逻辑起点，将“绿水青山就是金山银山”理念的唯物辩证观与湖州传承发展而来的“民本警务”思想有机统一，提出“湖州大地更美丽、人民生活更美好、公安形象更美誉”的愿景目标，“三个更美”愿景从不同层面和视角诠释了新时代湖州公安的使命担当。**“湖州大地更美丽”是转化论，寓护美自然生态和护航绿色发展，将湖州地域之美转化成人民生活之美；“人民生活更美好”是前提论，寓最核心的目标愿景；“公安形象更美誉”是兼顾论，只有湖州大地更美丽、人民生活更美好，才能实现“公安形象更美誉”。并且，只有“公安形象更美誉”，才能得到人民群众更广泛的理解、支持和参与，“警力有限、民力无限”的优势才能得到充分发挥，才能真正推动湖州大地更美丽、人民生活更美好。**

实践证明，没有目标，犹如没有罗盘而航行。无目标的努力，如同黑暗中之远征。唯有确立目标，方能成就理想。斯大林曾经说过：伟大的精力只为伟大的目标而生。“美丽警队”建设的目标到底是什么？又如何忠实践行？

一、扛起“湖州大地更美丽”之政治责任和时代使命

湖州大地更美丽，既是湖州公安的政治责任，也是时代使命。党的十九届五中全会提出“生态文明建设实现新进步”“国家治理效能得到新提升”[①]的目标。浙江省委提出“要努力打造美丽中国先行示范区”。湖州是“绿水青山就是金山银山”理念诞生地，早在2008年就在全国率先开展了以“中国美丽乡村”为载体的社会主义新农村建设，经过多年的谋划和发展，美丽城市、美丽城镇、美丽乡村建设“三美同步”。湖州市委八届九次全会提出要全面展示十个方面的湖州，第一个就是美丽中国的“湖州画卷”。《中共湖州市委关于制定国民经济和社会发展第十四个五年规划和二〇三五年远景目标的建议》提出“到二〇三五年高品质建成现代化滨湖花园城市”的远景目标。湖州的过去、现在和未来都集中体现了“美丽”一词。助力美丽湖州建设，是湖州公安的政治使命，是围绕中心、服务大局的最有力行动，必须全力打造“在湖州看见美丽中国”的公安窗口。

二、扛起“人民生活更美好”之不变初心和应尽职责

人民生活更美好，既是湖州公安的不变初心，也是应尽职责。

① 《中国共产党第十九届中央委员会第五次全体会议公报》，载中华人民共和国中央人民政府网，https://www.gov.cn/xinwen/2020-10/29/content_5555877.htm。

习近平总书记指出：“我们要坚持在发展中保障和改善民生，解决好人民最关心最直接最现实的利益问题，更好满足人民对美好生活的向往，推动人的全面发展、社会全面进步，努力促进全体人民共同富裕取得更为明显的实质性进展。”[①]浙江省委全会强调要以满足人民日益增长的美好生活需要为根本目的，打造人民幸福美好家园。全面建成小康社会后，我们即将进入全面建设社会主义现代化国家新阶段，人民群众对民主、法治、公平、正义、安全、环境等方面的追求不断增长，对自身知情权、表达权、参与权、监督权的诉求更加强烈。人民警察来自人民，全心全意为人民服务是公安机关的根本宗旨，必须积极回应人民的新期盼，努力提升广大群众的获得感、幸福感、安全感。

三、打起“公安形象更美誉”之组织使命和荣光追求

公安形象更美誉，既是湖州公安的组织使命，也是荣光追求。对于公安机关来说，美誉度越高，影响力就越大，战斗力也越强。湖州公安在浙江省乃至全国有很高的知名度和很强的影响力。“十三五”期间，湖州市公安局获评全国文明单位，被浙江省委省政府授予“浙江省模范集体”称号，被浙江省委省政府评为平安护航新中国成立70周年安保维稳突出贡献集体，被湖州市委市政府评为现代智慧城市建设先进集体、平安示范先行行动先进集体、“最多跑一次”改革突出集体、城市精细化管理突出贡献集体，长兴县

① 习近平：《习近平谈治国理政》（第4卷），外文出版社2022年版，第121页。

局获评全国优秀公安局等。在此基础上，更好树立湖州公安战队形象，在维稳安保、侦查打击、基础防控、服务水平、规范执法、廉洁自律等方面更上一层楼，这既是形势发展的迫切需要，也是队伍建设的内在要求。因此，湖州公安在实现“湖州大地更美丽、人民生活更美好、公安形象更美誉”愿景目标的赛道上奔跑，是形势所需、职责所在、使命所系。

同愿同行
同甘同苦
同心同德
同力同责

第三节 “美丽警队”的评价体系

所谓评价，是指人们在评价活动中应用于对象的价值尺度和界限。它是人们价值认识的反映，是价值观念中的核心要素，具有引导被评价者向何处努力的作用。评价体系，则是指由表征评价对象各方面特性及相互联系的多个指标所构成的具有内在结构关联的有机整体，是通过一系列评判标准对某（类）事物或某（类）人进行综合评估，从而帮助人们更加客观准确地评价其优缺点、判断其价值和质量。

穿越历史之烟雨，湖州公安不断发展壮大并走向成熟，建设“美丽警队”是新时代湖州公安站在新的政治、历史方位和现实地位产生的新生事物。因此，必须形成与其相适应并促进其发展的“美丽警队”评价体系。

一、“十六字总要求”是首要依据

2017 年 5 月 19 日，习近平总书记在会见全国公安系统英雄模范立功集体表彰大会代表时发表重要讲话，提出“对党忠诚、服务人民、执法公正、纪律严明”①。2020年8月26日，习近平总书记在中国人民警察警旗授旗仪式上发表重要训词，再次强调人民警察要切实做到对党忠诚、服务人民、执法公正、纪律严明②。这“十六字总要求”为新时代公安队伍建设和公安事业发展指明了前进方向，提供了根本遵循。

对党忠诚
服务人民
执法公正
纪律严明

“十六字总要求”涵盖了公安工作和队伍建设的各个方面，体现了党性和人民性、价值导向和职业追求、发展目标和建设路径之高度融合，是相互联系、相辅相成的有机统一体。其中，对党忠诚是政治灵魂，决定着政治建警根本方针，是置于公安队伍首位之政治要求；服务人民是根本宗旨，决定着公安机关之为民本色，体现公安队伍的立警原则，是人民公安始终不渝之路线遵循；执法公正是价值趋向，决定着公安机关的履职方向，体现法治公安之本质要求，是公安队伍必须坚守之职业追求；纪律严明是重要保证，决定着公

① 参见张晓松、邹伟：《习近平：始终坚持人民公安为人民》，载人民网2017年5月19日，http://jhsjk.people.cn/article/29288020。

② 参见《习近平向中国人民警察队伍授旗并致训词》，载人民网2020年8月26日，http://jhsjk.people.cn/article/31837982。

安机关的治警方针，体现纪律部队的管理特点，是打造过硬队伍之根本路径。

“十六字总要求”是党在新形势下加强公安工作和公安队伍建设的总纲领，是建警治警之总方略，也是人民警察立警从警之座右铭。湖州公安是全国公安的组成部分，无疑不能置身事外，“十六字总要求”理所当然地成为评价“美丽警队”的首要依据。背离了这一总要求，“美丽警队”无疑是“镜中花”“水中月”，其建设也就成了“花拳绣腿”“纸上谈兵”。**综上所述，“十六字总要求”在“美丽警队”评价体系中处于不可替代的核心地位，为首要依据。**

二、“三个更美”愿景目标推进指数是重要依据

如何全面动态和客观公正地量化评估“美丽警队”工作，是湖州公安的时代课题。为此，湖州公安坚持“目标引领、差距管理、过程控制、考核激励、以实绩论英雄”的工作理念，细化构建了涵盖“生态、活力、平安、幸福、能力、形象”六个维度的“美丽警队”评价体系。通过生态、活力维度评价，引导警队在“让湖州大地更美丽”上建功立业；通过平安、幸福维度评价，引导警队在“让人民生活更美好”上实干争先；通过能力、形象维度评价，引导警队在“让公安形象更美誉”上增色添彩。

其一，注重生态维度。通过设立打击、治理、保障指数，并分解为三级具体指数分别赋予权重，分级分类设置参数，重点评估警队所在辖区生态质量、生态打击质效和生态治理领域作用力。

其二，注重活力维度。落实省、市数字经济创新提质“一号发展工程”、营商环境优化提升“一号改革工程”“地瓜经济”、提能升级“一号开放工程”，构建贯穿公安队伍建设和公安工作全方位、全链条、全覆盖的活力评估体系，重点评估警队优化营商环境、护航经济发展的作用及成效。

其三，注重平安维度。为实现平安湖州“十七连冠”，加快打造平安中国示范区先行区，高水平建设“六个新湖州”，奋力谱写中国式现代化湖州篇章，围绕社会政治稳定、社会治安安全、经济秩序安全等领域中公安负责或配合的72项指标，评估群众安全感及社会治安安全指数等。

其四，注重幸福维度。民众幸福既离不开平安、安全，也离不开包括生产、生活在内的生态环境。为提升湖州民众的幸福指数，湖州市公安局会同湖州市平安办委托第三方，每季度面向湖州市各乡镇（街道）抽样电话测评，内容涵盖社会治安和交通安全感、电信网络诈骗知晓率等，计算出社会治安安全感、交通安全感和公安队伍认可度平均值，并直接亮晒。

其五，注重能力维度。公安基层所队作为面向群众的直接窗口，队伍形象好坏不仅影响公安机关的美誉度，而且影响老百姓对党委政府的满意度和认可度。因此，湖州公安坚持以基层核心战斗力提升带动队伍整体战斗力提升，以开展季度“在湖州看见美丽警队”奔跑行动推进会暨提升基层核心战斗力例会为平台，聚焦“基层核心战斗力指数”，涵盖警源治理、案件防范、执法办案、数据应用等，评估警队的基层核心战斗力。

其六，注重形象维度。为展现湖州公安奋斗奋进最美形象，形成“以奋斗者为本”“以实绩论英雄”导向，构建了以警队荣誉、文化建设以及群英现象为核心的评估标准；内容包括警队荣誉、争创英模、评选“四星民警”等，真正以“指挥棒”“风向标”的形式全面推进公安队伍建设和公安工作，促进“美丽警队”建设走稳走深走实。

目标引领

差距管理

过程控制

考核激励

以实绩论英雄

PART 2

向美而行篇

湖州公安

在湖州看见美丽警队
DYNAMIC HUZHOU BEAUTIFUL POLICE

第三章

“美丽警队”的战略选择

习近平总书记强调，“战略问题是一个政党、一个国家的根本性问题。战略上判断得准确，战略上谋划得科学，战略上赢得主动，党和人民事业就大有希望”。[①]“美丽警队”建设作为目标确定后，更为重要的就是战略选择。以什么样的战略向美而行，确保“美丽警队”建设始终行进在正确的道路上？通过搭建具有湖州辨识度的现代警务新体系并努力加以实践，是实现“美丽警队”建设目标，展现湖州警队美誉形象的最佳战略选择。

① 习近平：《习近平著作选读》（第2卷），人民出版社2023年版，第582页。

第一节　具有湖州辨识度的现代警务新体系

2023年1月，全国公安厅局长会议强调，今后五年，是我国全面建设社会主义现代化国家开局起步的关键时期，全面贯彻落实党的二十大精神、奋力推进公安工作现代化这一主题主线，聚焦聚力平安中国建设、法治中国建设两大战略部署，健全完善同国家安全体系和能力现代化要求相适应的捍卫政治安全体系、维护社会稳定体系、公共安全治理体系三大职能体系，大力加强法治公安建设、智慧公安建设、基层基础建设、过硬队伍建设四个基本建设，努力以新安全格局保障新发展格局、以高水平安全保障高质量发展，是当前及未来公安工作的重中之重。

一、“美丽警队”建设与现代警务新体系

> 现代警务新体系是指符合新时代发展要求，体现实战化特点和核心战斗力，旨在有效提高公安工作质效，由价值理念、制度规则、组织结构和运行机制构成的有机整体。

湖州公安近年来在探索构建现代警务新体系中特别注重两个关键点：一是从战略高度将新时代对公安工作高质量发展的要求融入顶层设计，将提高公安机关核心战斗力融入制度规则、组织结构和运行机制加以具体落实；二是充分体现“美丽警队”建设的辨识度，尤其是以生态警务、智慧警务、人文警务等“三大警务”为代表，展现湖州现代警务新体系的独具特色。通过系统性重塑、整体性变革，全面构建起符合新时代要求、贴合实战化需求的湖州公安现代警务新体系，更好地为服务并融入“在湖州看见美丽中国”的建设发展、维护社会大局稳定保驾护航，在中国式现代化进程中贡献出湖州公安力量。具体体现在以下三个内涵：

1. 立足“战略之局”，实施“美丽警队”建设，就是聚焦“湖州大地更美丽、人民生活更美好、公安形象更美誉”的愿景目标，以高水平建设生态警务、智慧警务、人文警务为重要载体，以高标准打造“八大体系”为主要任务，加速形成湖州公安核心战斗力，加快构建具有湖州辨识度的现代警务新体系，加力推进湖州公安工作现代化，助推湖州成为平安中国示范区的先行区、市域社会治理现代化的先行地、现代警务体系建设的先行军。

2. 立足“奋进之志”，实施“美丽警队”建设，就是以感恩奋进的心态、敢为人先的姿态、奋斗有我的状态，积极投身“在湖州看见美丽中国”建设，发扬斗争精神、增强斗争本领，做到“知重负重、贵在担当，知难克难、重在实干，知短补短、强在精准，知新创新、胜在变革”，加快推进以“核心战斗力 + 三大警务 + 八大体系”为主要架构的“138”现代警务新体系的湖州探索，全方位、多维度、立体化展示“在湖州看见美丽中国”建设的公安实践。

3. 立足“求变之道”，实施“美丽警队”建设，就是将此作为构建具有湖州辨识度的现代警务新体系的总载体、总抓手；作为湖州公安工作不断迈向现代化的“桥”和“船”，改革破难、创新实干、奋力奔跑，从根本上持续破解影响警务效能、制约公安工作高质量发展的长期性、制度性、瓶颈性问题，全面提升湖州公安队伍核心战斗力和公安工作现代化水平，为湖州加快打造“六个新湖州”、高水平建设生态文明典范城市，奋力谱写中国式现代化精彩湖州篇章保驾护航、助力添彩。

二、具有湖州辨识度的现代警务新体系的内容架构

所谓体系，是指若干有关事物或某些意识相互联系的系统而构成的一个有特定功能的有机整体，其下可以包含各种子系统，如工业体系、思想体系等。具有湖州辨识度的现代警务新体系同样由若干系统组成。如果用一张思维导图来呈现（见图 3–1），图上方是目标体系，目标引领“美丽警队”的建设方向，包括愿景目标、战略目标和阶段性目标，这些不仅是湖州公安未来发展目标，而且是构建湖州现代警务新体系的重要基础。居图中间的是工作体系，也就是“138”体系，其中“1”是核心战斗力，打造

湖州公安现代警务新体系的根本目的就在于提升核心战斗力；“3”是“三大警务”，以生态警务、智慧警务、人文警务构成了支撑现代警务新体系的主要内容；“8”是最具感知力、驱动力、品牌力等的八个工作体系，它们之间相互协调、相互补充、相互强化。图的底部是推进体系，借鉴运用 OKR 管理法、标杆管理法、平推管理法等工具方法[①]推动工作高效开展。

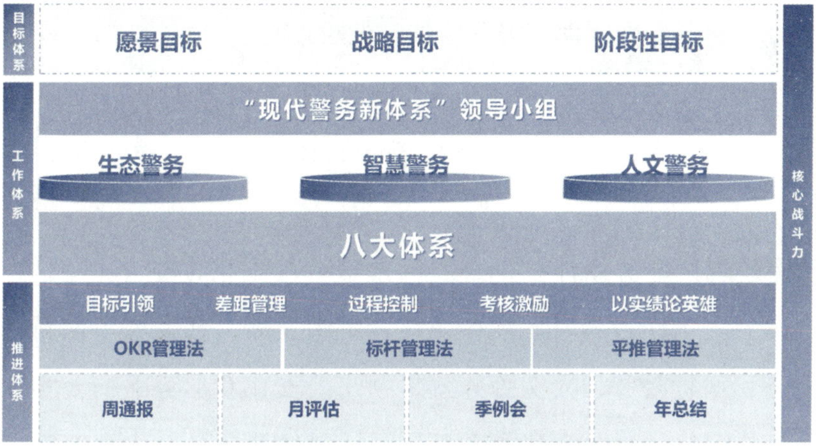

图 3–1 湖州公安现代警务新体系架构

（一）提升核心战斗力是现代警务新体系湖州实践的必然要求

核心战斗力主要由战略能力、组织能力、变革能力组成，其脱胎于战斗力，又区别于战斗力，是所有公安战斗力的提炼和升华，

① 详见本书第七章。

是履行新时代公安职责使命的“核武器”，是站在未来看当下的一道“必答题”。简单来说，核心战斗力就是打赢战争的能力。近年来，湖州公安通过充分调研和反复论证，认识到实现现代化先行和高质量发展，绝不是按部就班、亦步亦趋就能够达成的。核心战斗力缺乏，就难以适应治理体系和治理能力现代化的要求，难以破除改革的积弊、突破发展的障碍，难以做精机关、做优警种、做强基层、做实基础。只有不断提升核心战斗力，才能紧跟时代步伐、增强公安工作的内生动力，这也是构建现代警务新体系的重要目的。

（二）“三大警务”是现代警务新体系湖州实践的重要支撑

构建现代警务新体系，必须认真总结以往好的做法和经验，切实把握公安工作自身发展规律，在继承中发展，在发展中创新。生态警务、智慧警务、人文警务就是湖州公安在新形势下结合实际谋划的工作载体，也是现代警务新体系的具体路径，其中**生态警务是湖州现代警务新体系中最具辨识度的崭新命题，是新体系建设中的“标志性工程”**。必须坚持融合导向，树立系统思维，统筹兼顾、整体施策，大力提升生态领域协同治理水平。**智慧警务作为现代警务发展的“颠覆性工程”，是现代警务新体系“新”之来源、“新”之所在**。通过智慧警务建设，能够有力推动公安改革实现系统性重塑、整体性变革。**人文警务是湖州现代警务新体系的力量之源、传承之举，是新体系建设中的“基础性工程”**。在整个现代警务新体系中，“三大警务”是构建现代警务新体系的“四梁八柱”，起到了承上启下的重要作用，体现了湖州特色、时代特征、公安特点。

（三）“八大体系”是现代警务新体系湖州实践的现实任务

在“三大警务”的牵引下，通过打造若干项子体系来解决当下的难点、堵点、痛点。从这个意义上讲，“八大体系”也不是一成不变的，而需要根据形势、立足实践，在原有基础上迭代优化，不断推动湖州现代警务奋力前行。当前来说，重点有八项具体任务：

1. 建立最具感知力的风险闭环管控体系。防范风险是首要任务，这一体系的重点就是要解决合成作战问题，从而提升风险防范、识别、治理的智能化水平。目前，主要构建合成作战指挥、动态勤务部署、风险预警全流程管控等子体系。

2. 建立最具驱动力的数字赋能体系。数字技术是最强劲的动能，这一体系着重解决的是算力、算法、算料问题，从而赋能各项公安工作。重点是围绕“公安大脑”建设总体目标，通过打造视频等若干分析中心，实现技术变革层面的“整体智治、协同高效”。

3. 建立最具品牌力的生态环境保护体系。护美绿水青山是最重要的使命，这一体系着重解决的是护航生态文明建设问题，从而打造宜居环境。主要打造“全民参与守护体系、全链闭环护航体系、全域联动协同体系、全时在线智治体系、全美样板话语体系”。

4. 建立最具亲和力的营商环境护航体系。民营企业是最宝贵的财富，这一体系着重解决的是保护企业发展问题，从而推动经济高质量发展。重点聚焦企业“急难愁盼”问题，以“11087·亲清在湖州”为企服务品牌为载体，做好护企发展、便民惠企、安企助企等重点工作。

5. 建立最具震慑力的打防新型犯罪体系。新型犯罪是最难解决的堵点，这一体系着重解决的是电信网络诈骗问题，从而真正守住人民群众的“钱袋子”。重点突出预防打击、精准打击、高效打击，构建以信息研判、分类打击、集中办案等为支撑的打击新模式。

6. 建立最具协同力的基层社会治理体系。基层基础是最前沿的阵地，这一体系重点是坚持和发展新时代“枫桥经验”，建好防控治理中心合成作战、警网融合协同治理、派出所工作、交通管理等体系。

7. 建立最具公信力的法治公安体系。执法办案是最关键的监督，这一体系着重解决的是严格规范公正文明执法问题，从而促进社会公平正义。重点以“职责清晰、条块结合、上下联动、全面覆盖、智能高效”的执法监管为目标，以执法办案管理中心为切口，构建有机衔接、同频共振、同向发力的警务监督体系。

8. 建立最具保障力的队伍管理体系。严管厚爱是最有力的保障，激励约束是最有效的手段。通过一系列警营文化建设，重点培育“忠诚、阳光、美丽、和顺”特质，切实提高队伍的亲和力、向心力、凝聚力、战斗力，从而让民（辅）警高效工作、快乐生活。

………………

生态警务

智慧警务

人文警务

………………

第二节 “三大警务”及其相互关系

“美丽警队”建设根植于绿水青山之间，发源于历史人文之地，背后既有价值观的引领，也有体系化的思考。一方面，在“美丽警队”建设的形成、发展、实践过程中，湖州公安逐步形成了具有辨识度的“138”现代警务新体系，为全国公安警务改革提供了“湖州样本”，也助推了“在湖州看见美丽中国”建设。另一方面，通过对具有湖州辨识度的现代警务新体系的前瞻性思考、战略性研究、整体性布局，进一步反哺、支撑、助益了“美丽警队”建设，即明确了生态引领、智慧赋能、人文内驱的警务运行模式，奋力展现“美丽警队”。这既是从目标推进到更高目标的循环，也是实践到理论再到崭新实践的过程。

一、“三大警务”定位及相互关系

生态警务、智慧警务、人文警务是湖州公安按照立足新发展阶段、贯彻新发展理念、构建新发展格局的要求，结合实际谋划的最具湖州辨识度的现代警务。

（一）生态警务是践行“绿水青山就是金山银山”理念的重要载体，是湖州公安必须扛起的政治使命

湖州“五山一水四分田”，是习近平总书记“绿水青山就是金山银山”理念的诞生地。在当前湖州深化“在湖州看见美丽中国”实干争先主题实践，加快打造“六个新湖州”，高水平建设生态文明典范城市，努力成为美丽中国的集成之地、浓缩之地、经典之地的背景下，公安机关必须牢固树立“生态意识”、领会“生态内涵”，生态惠民、生态利民、生态为民，真正讲好“生态兴则文明兴”的时代故事。

（二）智慧警务是实施公安大数据战略的重要抓手，是湖州公安提升核心战力的关键硬核

当今世界已经进入万物智联时代，“智慧”成为催化社会治理蝶变的“加速器”，也必将成为助推公安工作现代化的强大外驱。湖州城市数字大脑是浙江省首批城市大脑建设试点，是全国首个具有应用组件的数字大脑，入选国家新型智慧城市建设典型优秀案例。在城市数字大脑的支撑下，湖州公安推进智慧警务建设具有得天独厚的优势，必须乘势而上，提升警务运行整体质效。

（三）人文警务是坚持以人为本的重要体现，是湖州公安激发队伍活力的内在要求

湖州历来崇文重教，是一座人文荟萃、文化底蕴深厚、民风淳朴的城市。近年来，湖州公安始终传承人文基因，弘扬民本文化、英雄文化、爱警文化、团队文化，以文化人氛围浓厚。在以人为本的时代强音下，开展人文警务建设，既有守正传承的基础，又有创新发展的责任，必须以文化人，以德育人，让百姓更满意、让基层更认同、让民警更幸福。

（四）“三大警务”的相互关系

从湖州公安发展整体来看，生态警务、智慧警务和人文警务分别起着引领、赋能和内驱的作用。如果将湖州公安比作一辆汽车，生态警务就是车之标牌，体现着发展理念上的独特优势及辨识度；智慧警务就是车之引擎，提供着发展动力；人文警务就是“油门”和“车轮”，承载着前进保障。湖州公安将“三大警务”作为战略课题，以整体思维研究、以系统观念推进、以务实标准问效，全力推动新时代湖州公安工作创新发展、走在前列。

需要强调的是，“三大警务”是相辅相成、相得益彰的有机整体。生态警务为智慧警务和人文警务提供了价值引领，智慧警务为生态警务和人文警务提供了变革动力，人文警务为智慧警务和生态警务

提供了文化支撑和队伍保障。因此，推进“三大警务”必须要统筹考虑、整体推进、协同发力，坚决避免出现“两张皮”甚至“三张皮”。

> 生态警务为智慧警务和人文警务提供了价值引领，智慧警务为生态警务和人文警务提供了变革动力，人文警务为智慧警务和生态警务提供了文化支撑和队伍保障。

二、“三大警务”的现代化内涵与发展方向

无论是“美丽警队”建设，还是构建具有湖州辨识度的现代警务新体系，“三大警务”始终以其丰富的内涵引领着湖州公安工作的现代化发展方向。换言之，湖州现代化警务的运行模式正是以“三大警务”推动，以思想观念现代化、工作体系现代化、工作能力现代化并行推进的运行模式。

生态警务推动思想观念现代化的核心是树立绿色发展观，就是以绿色低碳的生活、生产方式，促进可持续发展，同时积极发展绿色低碳警务，打造节能高效型警营；推动工作体系现代化的关键是建立法治生态体系，就是完善生态警务执法制度、创新生态执法机制，构建生态治理新模式；推动工作能力现代化的重点是提升社会治理能力，包括风险防控能力、矛盾化解能力、要素管控能力等。

智慧警务推动思想观念现代化的核心是树立整体系统观，就是根据警务活动的整体性、系统性及其内在联系规律，依托多元化思维与手段应对各类复杂问题；推动工作体系现代化的关键是建立科技兴警体系，就是借助公安大脑、云计算、数字化等手段推动警务体系优化与智能化，构建警务数字孪生体系；推动工作能力现代化的重点是提升数智应用能力，就是提升警务数据分析、数据应用与人工智能开发、融合等能力，切实提高警务活动的智能化水平。

人文警务推动思想观念现代化的核心是树立忠诚为民观，忠诚是公安机关的政治基因，也是立警之本，为民是公安机关的根本宗旨，也是立警根基；推动工作体系现代化的关键是建立政治建警体系，即通过完善机构职能、强化思想组织建设，构建一支忠于党、拥护党的公安铁军；推动工作能力现代化的重点是提升群众工作能力，站稳群众立场，创新群众工作方式，切实解决群众急难愁盼问题，提高人民群众的满意度和认可度。

………………

生态引领

智慧赋能

人文内驱

………………

第四章

“美丽警队”的生态引领

湖州公安实施生态警务，是深入贯彻落实习近平生态文明思想，由“绿水青山就是金山银山”理念引领，并在公安工作中实践“绿水青山就是金山银山”理念的具体化、形象化、系统化的过程，是公安工作主动融入生态保护、生态治理大格局，主动对标湖州美丽中国先行示范区、生态文明典范城市，围绕“美丽警队”建设目标，构建现代警务体系生态领域的警务运行模式，目前已形成具有辨识度的生态警务“湖州样本”。

第一节　生态警务的背景意义

一、“绿水青山就是金山银山”理念在公安工作中的具体实践

2005 年 8 月 15 日，习近平总书记到湖州市安吉县余村考察，首次正式提出“绿水青山就是金山银山”的科学论断。2012 年，党的十八大报告指出，要把生态文明建设放在突出地位，融入经济建设、政治建设、文化建设、社会建设各方面和全过程。努力建设美丽中国，实现中华民族永续发展。2014 年，湖州成为全国首个地市级生态文明先行示范区。2017 年，党的十九大指出，我们要建设的现代化是人与自然和谐共生的现代化，既要创造更多物质财富和精神财富以满足人民日益增长的美好生活需要，也要提供更多优质生态产品以满足人民日益增长的优美生态环境需要。2020 年 3 月 30 日，习近平总书记时隔 15 年再次到安吉余村考察，强调“绿色发展的路

子是正确的，路子选对了就要坚持走下去”。[①]党的二十大报告指出，推动绿色发展，促进人与自然和谐共生。2022 年，浙江省第十五次党代会提出，浙江省要在高质量发展中奋力推进中国特色社会主义共同富裕先行和省域现代化先行，并对湖州作出建设生态文明典范城市的新目标新定位，标定了湖州在全省“两个先行”中的特殊使命。2023 年 8 月 15 日，习近平总书记在首个国家生态日作出重要指示强调，全社会行动起来，做绿水青山就是金山银山理念的积极传播者和模范践行者。[②]这些年，湖州在习近平生态文明思想的指引下，在生态文明建设方面取得了显著成果，还自然以宁静、和谐、美丽，体现了责任担当和历史使命。湖州公安也一直把“保护生态环境就是保护生产力，改善生态环境就是发展生产力”[③]作为职责使命。把“绿水青山就是金山银山”理念核心要义与公安工作实际融合，深入推进污染防治攻坚战，切实解决生态环境突出问题，打赢打好蓝天、碧水、净土保卫战。进入新时代，湖州处于经济社会发展全面绿色转型，生态环境质量由量变到质变的重要战略机遇期，保护治理生态环境，护航高质量发展，湖州公安臂系千钧、责无旁贷，须从系统工程和全局角度寻求变革之道，构建起与湖州生态文明建设相配套的，集政治性、时代性、特色性、实效性于一体的警务运行模式。

实施生态警务，创新治理模式，湖州公安没有现成的经验可学习、

---

① 张晓松等：《时隔 15 年，习近平再到安吉县余村考察》，载人民网 2020 年 3 月 31 日，http://jhsjk.people.cn/article/31655775。

② 《习近平在首个全国生态日之际作出重要指示强调 全社会行动起来做绿水青山就是金山银山理念的积极传播者和模范践行者 丁薛祥出席主场活动开幕式并讲话》，载《人民日报》2023 年 8 月 16 日，第 1 版。

③ 习近平：《习近平著作选读》（第 1 卷），人民出版社 2023 年版，第 113 页。

没有现实的模本可参照，是在“绿水青山就是金山银山”理念引领下开辟出的一条公安探索实践发展之路，是按照党中央和省市委的决策部署，对标湖州生态立市、现代化高质量发展的要求，孕育开创出的一种现代警务新模式。

二、人民群众对优美生态环境的需要

环境就是民生，青山就是美丽，蓝天就是幸福。良好的生态环境是最公平的公共产品，是最普惠的民生福祉。党的十八大以来，湖州污染防治措施之实、力度之大、成效之明显前所未有，人民群众对居住生活环境的安全感、满意率不断提升，湖州也先后获评全国首个地级市生态文明先行示范区、首批国家生态文明建设示范市、全球唯一的生态文明国际合作示范区等荣誉称号，在生态文明建设方面走在全国前列。然而，随着我国社会主要矛盾转化为人民群众日益增长的美好生活需要与不平衡不充分的发展之间的矛盾，人民群众对因发展带来的生态环境问题更加关注，对优美生态环境的需要更加迫切，特别是生态环境领域违法犯罪日趋网络化、智能化、专业化、隐蔽化，生态文明建设领域的风险依然存在，生态环境保护仍然任重道远。2018年，浙江省“三感三度”调查显示，环境污染是影响群众安全感、满意度的最突出因素，占比34.45%，其中湖州老百姓对环境污染的关注和反映更为突出，占比39.29%，高出全省平均值近5个百分点。近几年，在民意调查中，湖州老百姓把“生态环境安全”与“交通安全”“食品药品安全”等一起，视为最影响安全感的因素之一。2018 年至 2021 年，湖州市涉环境警情从 774 起到 1448 起，年均增幅达 23.3%；“12345”湖州政务服务便民热线涉环境信访投诉从 3382 件到 4512 件，连续三年持续增长（见图 4–1）。

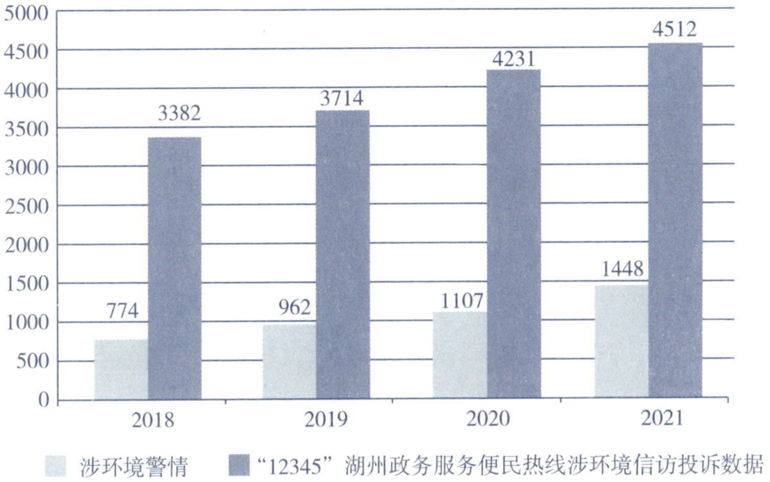

图 4–1　2018—2021 年湖州市涉环境警情、信访投诉数据

自然是生命之母，人与自然是生命共同体，相互依存、相互影响，无论破坏了自然界中的哪一环，终将影响反噬到人类。保护治理生态环境，建设生态文明，关系人民福祉，关乎民族未来，这倒逼湖州公安必须解放思想、转变思路、提高站位，在生态保护治理的体制机制和技术方式上寻求创新突破。实施生态警务，构建生态警务模式，是基于对人类生命安全和未来的深刻思考，是回应人民群众当前的热烈关切，满足人民群众对优美生态环境需要的现实之举。

三、法治轨道上的生态安全

习近平总书记强调，“保护生态环境必须依靠制度、依靠法治。只有实行最严格的制度、最严密的法治，才能为生态文明建设提供可靠保障”[①]。传统的环境执法治理限于生态环境职能部门，忽视了社会的多元治理和部门间的衔接协作，往往是“先污染后治理”。公安机关打击环境违法犯罪，是一种事后的“打”，也存在片面性、单面性、局限性等短板问题，由此带来的是科学防止危害的不确定性和环境事后救济的高成本性。随着群众环保意识的增强，领域法学研究的兴起，2014年我国修订《环境保护法》，确定了环境保护坚持“保护优先、预防为主、综合治理、公众参与、损害担责”的原则，并明确“一切单位和个人都有保护环境的义务”“县级以上地方人民政府环境保护主管部门，对本行政区域环境保护工作实施统一监督管理”。预防为主，强调了在一定危害性产生之前就预先去防止，《环境保护法》《治安管理处罚法》等法律，赋予了公安机关与生态环境相关的执法职责。从总体国家安全观的角度而言，环境污染与生态破坏可能成为敌对势力反华的借口；环境资源问题还易引发群体性事件，影响和谐安定的社会局面。环境问题具有强科学性，囿于空气、水等要素具有极强的流动性，环境问题往往具有跨行政区域、跨生态功能区的特点，环境违法行为可能涉及不同的省市区县，以及山林矿湖河等不同区域。随着长江经济带、长三角一体化

① 习近平：《论坚持人与自然和谐共生》，中央文献出版社2022年版，第33~34页。

等发展战略在湖州交汇，湖州公安开展生态环境领域执法，需要拓展和改变传统的执法模式，注重打防结合，更加突出源头的“防”，加强与其他部门的执法协作。实施生态警务，是以法治理念、法治方式，基于法律职责范围推动生态文明建设；是从“以打为主”向“打防治并举”迭代，打造生态环境领域法治共同体，发挥协同共治的一种警务模式，更加突出预防为主、综合治理，推动形成公众参与、全民守护的生态环境法治保护格局。

四、公安警务改革的崭新课题

2018 年，公安部全面启动大部门、大警种制改革，优化公安机关职能分工，打破过去的机构壁垒，实现职能的科学分工和良性协作，提高公安工作执行效率和应对能力，更好地维护国家安全和社会稳定。在我国，人民警察介入环境执法的模式主要有生态环境部门主导型、森林警察主导型以及联动协作型。联动协作是公安机关在生态环境部门派驻，协助其行政执法，并负责刑事案件侦查，该模式因职权行使的行为理念和机制冲突，以及信息不对称方面原因，往往导致行刑衔接不顺畅。湖州地处江浙皖三省交界之地，部分违法犯罪分子常常利用省际交界的监管盲区，大肆跨界倾倒危险废物、固体废物，如 2018 年杭湖锡线湖州吴兴段地界附近，被倾倒 6000 吨工业固废。“十三五”时期，湖州市抓获涉环境犯罪嫌疑人从前期的 260 人增加到 456 人，年均增幅达 15.1%，而一些环境污染问题发现、预警更多依赖于群众投诉举报，涉环境类案件通过群众反映、检查发现的占比达 85% 以上，利用科技手段、大数据分析能力薄弱，公安机关原来的机构设置、警力配置、能力处置已无法适应现实任务需要，进入新发展阶段，湖州森林警察又整建制划归湖州市公安局隶属，生态警务体制机制改革创新迫在眉睫，亟须重塑更加系统化、精细化、智能化的生态警务体系。湖州公安实施生态警务，构建生态警务模式，不是面临现实难题建立新的警种，也不是简单的此机关入驻彼机关的联动协作，而是以公安机关为主导，深化生态保护治理体制机制改革的一项重大突破，通过数字科技手段减少信息不对称，辅之以机构设置和规则构建，减少与其他环境执法部门在行为理念和机制方面的冲突，是推动社会治理模式深层次系统变革的一次有益尝试。

专业带动
全警行动
部门联动
群众发动

第二节　生态警务的体系内容

一、生态警务的内涵

绿色发展强调人与自然和谐共生，以绿色低碳循环为主要原则，以自然之道养万物之生，从保护自然中寻找发展机遇，实现生态环境保护和经济社会高质量发展双赢。**生态警务是湖州公安在全国公安系统中提出的首创性战略，是深入贯彻习近平生态文明思想，深入践行“绿水青山就是金山银山”理念的公安工作具体实践，以“湖州大地更美丽、人民生活更美好、公安形象更美誉”为愿景目标，以生态警长、生态警务联勤共治工作站、生态警务协同智治应用“三项建设”为载体抓手，以技术变革、机制变革、体制变革“三轮驱动”为方法路径，以全民参与守护体系、全链闭环护航体系、全域联动协同体系、全时在线智治体系、全美样板话语体系“五全体系”为主攻方向的现代警务新机制和新模式**（见图 4–2）。

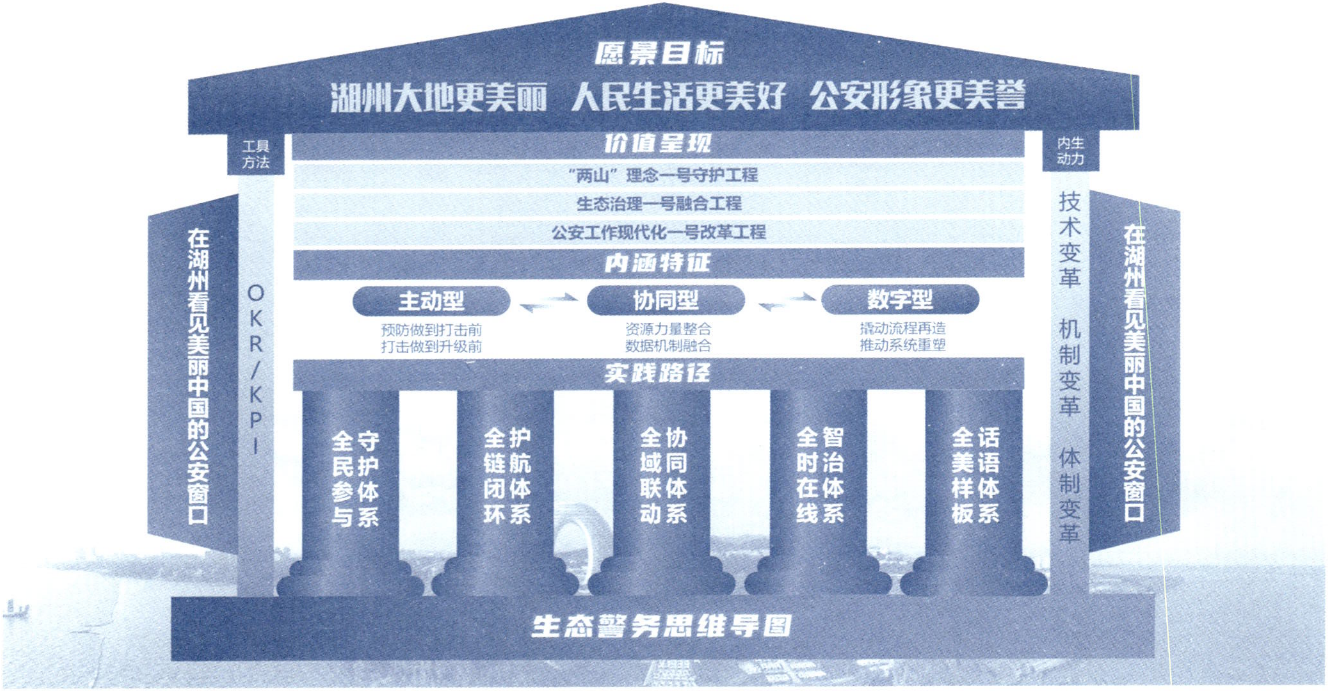

图 4-2 生态警务思维导图

（一）目标价值

生态警务作为“美丽警队”建设的显著标志，是以“湖州大地更美丽、人民生活更美好、公安形象更美誉”愿景为追求，以建设生态文明典范城市为定位，准确把握生态环境质量高位提升、生产生活方式绿色转型、全域美丽格局加快呈现、生态智治效能全面提升四个方面价值外延，以生态文明大场景分析为过程解构，助力发展绿色低碳循环的美丽经济，保护天蓝地绿水清的美丽生态环境，完善科学高效完备的美丽治理体系，看见宜居宜游宜业的幸福美丽城乡。通过全领域提升共进、全地域协同共建、全要素美丽共享、全过程管控共治、全方位塑造共融，打造**局部美与整体美、自然美与人文美、外在美与内在美、有形美与有神美**相统一的新时代美丽湖州，让绿色成为最动人的发展色彩，让人与自然和谐发展成为最显性的形态标识。

（二）内涵特征

1. 生态警务是一种主动型警务。更加注重问题导向、主动发现，以源头治理为起点，围绕生态环境治理的突出症结、瓶颈障碍，主动参与源头治理，完善部门协作、群防群治；以风险隐患预测预警预防为核心，通过情报导侦、行刑共治等机制，主动发起蓝天、碧水、净土、清废等系列保卫战，推进生态环境领域的集成改革。

2. 生态警务是一种协同型警务。更加注重联勤联动、共建共享，积极融入长江经济带、长三角一体化发展，通过力量整合、系统融合、数据耦合、机制契合、平战结合，在更大范围、更宽领域、更深层次推进生态环境保护，凝聚各地各部门开展生态环境综合保护治理的最大合力，形成共建共治共享的生态警务治理格局。

3. 生态警务是一种数字型警务。更加注重数字赋能、科技实战，以数字化改革和公安大脑建设为切入口，通过技术变革、机制变革、体制变革“三轮驱动”，加快公安、行政、社会三类数据的深度融合应用，开发生态数字模型，汇聚基层网格、行政执法、刑事司法等多方面数据，以数据融合推动业务融合，推动生态保护治理领域系统性重塑、整体性变革，提升生态警务整体智治水平。

4. 生态警务是一种系统型警务。更加注重体系化布局、整体性推进，以“大综合、一体化”执法改革，统筹与生态治理相关的要素资源，加强市级层面的统筹设计，构建上下贯通、左右联动的“五全体系”运行架构，实现市县所站纵向到底、警种部门横向到边，“打防治服”全链条环环相扣，一体化推进的格局。

5. 生态警务是一种发展型警务。更加注重观念更新、与时俱进，紧盯形势任务发展变化，既发展推进在自然生态领域的狭义生态警务，也发展延伸经济生态、社会生态领域的广义生态警务，通过策略上不断调整、措施上持续优化，从自然环境领域逐步迭代到涵盖社会治安、营商环境、网络生态等领域，打造全方位、立体式的生态警务理论实践综合体。

二、生态警务的载体

实施生态警务，把生态警务的理念和运行机制落地，需要依托并通过一定的承担实体加以实现。这些年，湖州公安在实践中不断总结探索，形成了以“生态警长、生态警务联勤共治工作站、生态警务协同智治应用”三项建设为标识的生态警务实施载体，支撑了生态警务模式的落地运行。

（一）生态警长

2013年，浙江省全面推进“五水共治”专项工作，湖州公安在全省率先配套设置河道警长，此后不断完善守护生态发展格局，警长从河道延伸到林区、湖泊、市场、矿区、路段、项目、景区等8个重点领域，统一称为生态警长。经过10年的发展完善，目前湖州市已有生态警长2185名，形成了具有湖州公安辨识度的生态警长制，成为生态环境保护治理在基层基础的重要载体，湖州公安将其定义为底板性工程。

1. 从一元到多元。生态警长是生态警务建设的重要一环，从原先单一的“河道警长”发展到如今的林区警长、路段警长、市场警长、项目警长等，实现湖州市7373条9380公里河道、153个湖泊、157个水库、113个农贸市场，以及主要林区、矿区、路段和市级重大工程项目的全覆盖，形成了“市公安局—区县公安局—派出所—村”四级生态警长制，各级公安机关一把手担任辖区总警长，派出所民警担任责任辖区的生态警长，各领域警长围绕“山水林田湖草沙”等要素，找问题、查线索、除隐患，为打防治理提供基础支撑。

2. 从有名到有实。生态警长不是挂名的，而是实打实干事的。梳理生态警长工作职责清单，让各领域警长知道“干什么”；推出生态警长排查手册、“三步五查”工作法等，让警长明白“怎么干”；出台信息采集率、线索提供率、隐患发现率等“七个率”考评办法，不以警长跑了多远的路、巡了多长的河，而是以发现问题线索的多少，来评价警长到底干得好不好。湖州市公安局党委成员担任市级河道（湖泊）警长，每月带队检查分管河湖治理情况，对发现的问题现场办公，确保警长职责到底到边。

3. 从线下到线上。在线下，每年部署开展“守青山、护绿水”专项行动，推动建立警长工作平台。例如，以路段警长为抓手，在市域重点路口、路段设立“一路一警”，创新了“公司化、本地化、专业化”工程车治理新模式等；以河道（湖泊）警长为抓手，加大对水域岸线非法排污、非法采砂、非法捕捞、乱砍滥伐等违法犯罪活动打击力度；以林区、矿区警长为抓手，对全市生态环境资源分片包干，建立档案登记制度，推行生态资源“户籍化”管理、精准化保护；以市场警长为抓手，实施“放心餐桌”、守护放心“菜篮子”等行动，相继破获特大生产、销售假冒牛栏山白酒案、“红牛”饮料案。在线上，通过手机浙政钉研发“生态卫士”掌上执法App，贯通综治“141”平台，实现“日常巡查在线、理论学习在线、线索上报在线、信息流转在线、反馈评估在线”，提高警长工作效率。

4. 从典型到群英。每年组织开展“警长好故事”评选活动，如安吉县公安局林区警长邹警官，牵头成立了一支由林区警长、家园卫士、老猎民、护林员组成的“黄浦江源家园卫队”，严厉打击涉林违法犯罪行为，在工作中发现一条涉嫌危害珍贵濒危野生动物的线索，不仅破了案，还通过培训等方式向群众普法宣传，现在辖区内每户居民都签订了一份禁止猎捕野生动物承诺书。又如，吴兴区公安分局矿区警长周警官，组织矿山附近的群众开展志愿护理环境行动，对矿山周边的生活垃圾进行集中清理，并与国土、环保等部门联合执法，整改安全隐患；在他的监管下，矿山再没有发生随意倾倒生产废弃物、建筑垃圾的情况。近年来，湖州公安在各生态领域都涌现了一批优秀的警长，形成了生态警长的群英现象。

5. 从全警到全民。发挥“警长”在群众中的引领作用，利用“人熟、地熟、情况熟、警务知识熟、工作便利”的优势，广泛发动组织群众参与巡山、护水、守林，让群众做参与型的生态保护网格员、生态环境监督员，持续扩大生态警长“朋友圈”。目前，湖州全市有平安志愿者37万人，参与各领域的志愿者队伍达1000余支，形成了“家园卫士”等系列志愿者品牌。同时，湖州公安还把生态治理向企业生态环境领域延伸，打造“e企安·365”工作平台，压实企业主体责任，提升企业生态环境的自治、共治、法治能力。全市有2.4万家企业、73万名员工进入“生态守护者”行列。

（二）生态警务联勤共治工作站

以往，在生态治理中普遍存在执法力量薄弱、部门多头分管等问题。湖州公安在市县两级建立环侦作战分中心，借鉴治安警务站的做法，在环境问题突出和治理攻坚复杂区域，首创性推出生态警务联勤共治工作站，实现多部门联合入驻、实体化办公。**目前，全市已建立生态警务联勤共治工作站13处，使其成为生态环境创新协同治理机制的重要载体，湖州公安将其定义为变革性工程。**

1. 问题导向布站点。第一个建的是大运河生态警务联勤共治工作站，大运河湖州段主线有43公里，运河两岸企业众多、人口集聚、治安复杂，涉及的职能部门众多，当地老百姓对大运河沿线的生态问题反映比较强烈。为保护大运河水生态，湖州公安从最初搭建简易棚开始，在传统治安管理职能上，把生态治理职能吸收进来，把其他职能部门力量整合起来，逐步建成现在的德清运河生态警务联勤共治工作站。湖州公安按照“因需因地制宜、试点先行推进、不搞贪大求全”的思路，坚持“问题突出优先布、类型同一不多布、全市统筹均衡布”的原则，针对“山水林田湖草沙”等不同的生态资源分布和特色产业保护，每个类型选择一到两处点位进行布建，总结形成“改建、共建、新建”三种模式。其中，改建共建的警务站占比达 80% 以上。有的生态警务联勤共治工作站在运河边，有的在水库旁，有的在太湖岸，还有的在农贸市场、企业园区、古镇、地标建筑等附近，各具特色。

2. 集成导向统资源。针对不同生态要素，警务站实行“1+N+X”入驻模式，“1”为公安辖区警长；“N”为行政主管部门的执法人员、警长和行政执法人员常态化入驻；“X”为其他行政部门、公益组织、志愿者团队，实行按需轮驻机制。针对警务站人员来自不同单位部门，每个警务站均成立临时党支部，以党建为统领，统筹做好队伍管理。警务站按业务需求设立联勤办公区、综合指挥区、宣传展示区、值班备勤区和器材装备区等，承担联勤联动、集中会商、案事件统一指挥处置、宣传教育、日常办公等功能，部分警务站根据个性化需求，还增设了调解室、询问室、多功能活动室、快检实验室等。在硬件整合的基础上，把各个部门掌握的信息资源、管理数据等充分融合，实现“1+1 ＞ 2”的治理效果。比如，吴兴红丰农贸市场生态警务联勤共治工作站，针对食品药品安全领域，接入了市场监管部门的检验检测数据、执法办案数据 300 余万条，实现信息共享、数据共通、线索共商。又如，长兴环沉园区生态警务联勤共治工作站，通过接入生态环境局的污染源自动监控系统，对辖区内重点污染企业的污染物排放数值，在线实时监测、自动预警，实现了对重点排污企业的智能化管理。

3. 实战导向建机制。警务站以实战为牵引，建立“问题联排、隐患联治、勤务联动、纠纷联调、风险联控”运行机制，公安、行政部门定期开展集中会商、专案会商，围绕水、气、固废、食品等重点领域和化工、印染等重点行业，每月组织1次以上区域性联合执法活动，构建生态联合执法应急机制，及时处理重大环境污染案（事）件。同时，制定出台《生态警务联勤共治工作站标准化建设指南》、评估细则等一系列规范性文件，对各个警务站评估考核，集中亮晒评比，以考评促实效。例如，南浔区菱湖是全国四大淡水鱼商品生产基地之一，过去部分水质受到污染，老百姓吃不上“放心鱼”，影响了当地渔业发展。湖州公安会同市场监管、农业农村等5家职能部门建立渔都生态警务联勤共治工作站，围绕鱼的全生命周期，对鱼的用药、养殖、运输、销售过程进行综合治理、全流程监管，推进了渔业经济发展。又如，吴兴区高新园区生态警务联勤共治工作站，辖区内印染企业集中，警务站实行公安、环保、行政执法三部门常驻，农业农村、市场监管等部门轮驻，定期会商、联动执法，提高了辖区治污能力。**最典型的是地处江浙两省交界，由两地公安共建共用的乔溇生态警务联勤共治工作站，该警务站多部门联合共管，不断延伸实体实战触角，开辟了区域警务合作“新阵地”，成功入选2022年“长三角区域警务合作精品案例”。**

4. 迭代导向强变革。生态警务联勤共治工作站推出后，改变了过去靠打电话协同沟通的传统模式，减少了沟通环节，减少了警情流转和处置时间，基层协同合力和处置效能大幅提升，实现从“远端协作”到“一体办公”、从“单打独斗”到“齐抓共管”的两大转型，解决了一批区域性、条线性、领域性的生态难题。不仅如此，湖州公安以发展的思维，把生态协同治理向更宽视角、更广范围、更深层次迭代，在县域范围探索建立“生态警务联勤共治中心”，目前在吴兴、安吉两地试点。“生态警务联勤共治中心”由区县委生态办统一领导，建立“2+N+X”入驻机制，“2”为公安环侦、生态环境两部门入驻；“N”为自然规划、市场监管、综合行政执法等高频需求单位常态入驻；“X”为其他联勤单位按需入驻。以业务流程为牵引划分七大板块（情报研判、应急指挥、联勤联治、行刑共治、督导督办、检验检测、制度研究），如情报研判板块，原来各部门各自研判，现在一起合成研判，效率得到极大增强。再如，联勤联治板块，以前是一个部门单项联勤，现在把区域性的问题整合起来，从一个口子下发任务清单，统一巡查、统一处置、统一解决，形成生态协同治理的“县域样板”。

（三）生态警务协同智治应用

2022 年 4 月，湖州公安自主研发并成功上线全省首个综合集成式的“生态警务协同智治应用”，入选浙江省第三批数字法治好应用。该应用通过搭建协同智治各功能模块，推动了生态治理效能提升，自上线以来已预警线索 462 条，处置风险隐患 157 处，破案 221 起，成为通过数字推动生态治理业务体系重塑的载体，湖州公安将其定义为牵引性工程。

1. 建强“芯大脑”。之前，生态协同治理存在“信息系统多、整合汇聚难；问题隐患多、主动查处难；执法事项多、一线联动难”的问题。湖州市涉及生态治理的系统有70余个，信息数据量巨大，而这些系统没有一个平台贯通，无法实现信息共享。湖州公安在“湖警智治·芯大脑”内，建立“生态警务协同智治”应用板块，搭建一个生态治理数字驾驶舱，归集11个部门及互联网数据81类5.8亿条，功能覆盖应用整体架构刻画、生态警务全息指标、生态要素一张图、生态联勤警务矩阵、专题场景集成贯通等方面。板块的综合应用端搭建了“要素、防范、处置、办案”四大协同功能模块，对湖州市生态领域的各类数据实行标签化清洗，“山、水、林、田、湖、草”等生态要素“一屏展示”，通过应用模型算法汇聚情报线索，以一键抓取功能提取涉及生态的重点事、物、部位和案件处置等信息，以“全息指标”的形式反映生态警务数字化运行状态，直观了解以“打击、防范、治理、协同、数智”为评估维度的市县两级生态警务现状，从“一屏展示”“一键检索”到“一键指令”“一屏管控”，实现业务工作流程全闭环管理。

2. 擦亮“云眼睛”。问题发现得了、找得到、看得准，需要有众多的火眼金睛。湖州公安针对生态治理防控的薄弱区域，围绕“净水”“净土”“净废”“净林”“净市场”五个重点领域，增设和优化了一批视频监控、高空鹰眼、红外线热像等前端设备，研发推出“太湖禁捕、城市反倒、森林防火”等一系列应用子场景。如在太湖渔人码头内陆水港340平方公里范围内，布设了高点监控、人脸监控、高清视频点位；在江浙两省交界的乔漤地域，增设高空 AR 鹰眼、热点设备、各类视频监控，这些“眼睛”全部链路进“芯大脑”的应用板块内。

3. 灵活“智手脚”。“协同智治”应用设置了协同部门端，延伸到各生态警务联勤共治工作站，依托生态警务联勤共治工作站组织架构落地，支撑公安部门与生态环境、市场监管、法院、检察院、自然规划、烟草等部门多跨协同，涵盖数据共享、领域要素查询、执法司法共行、公益诉讼直通等功能，实现指令线上畅通流转、线下处置联动高效。同时，在手机“浙政钉”上开通“生态卫士”掌上执法应用 App，配备至各领域生态警长，生态警长可随时随地通过“生态卫士”掌上 App，联合辖区生态保护网格员，采集辖区生态环境要素、报送问题信息数据、接收线索处置指令、反馈核查处置结果，在生态保护治理的个体最小颗粒度上，实现线下合成作战、灵活应用、闭环处置。

生态警务协同智治应用，推动了生态治理的技术变革，由原先单靠人力资源、大海捞针的方式，革新为现在应用数字科技手段精准预警预测，实现了从被动查处到主动防范的转变；推动了机制变革，形成以指令为牵引的实体化运转机制，通过整合资源、深化协作，实现了从零敲碎打到一体作战的转变；推动了体制变革，由原先职能部门的各自为战，到现在公安、生态环境、自然规划、市场监管等多部门联合，做到“要素一屏管控、风险一网感知、联勤一键响应、执法一链贯通”，使指令落地核实在一线、问题联合查处在一线，实现了从单打独斗到生态联勤的转变。

三、生态警务的体系

生态警务既是湖州“美丽警队”战略体系的重要组成部分，又是助推高水平建设生态文明典范城市的重要载体，其本质和内涵既契合省市要求，又符合公安实际。浙江省第十五次党代会、湖州市第九次党代会后，湖州公安持续推进生态警务迭代升级，创造性提出“五全体系”，对生态警务的内涵和外延进行了挖掘和拓展，构建现代环境治理体系的“公安版”，打造具有湖州辨识度的生态警务体系架构。

全民参与守护体系
全链闭环护航体系
全域联动协同体系
全时在线智治体系
全美样板话语体系

（一）全民参与守护体系

全民参与守护是破题关键，解决组织体系重构问题。强化顶层设计，构建起“市县生态办主导、生态警务联勤共治中心主战、生态警务联勤共治工作站主治、生态警长主防、全民参与主动”的五级架构，重塑生态联勤矩阵的作战体系，形成全民参与环境治理的新格局。

1. 做实生态办。在湖州市公安局和各区县局层面成立“生态办”，对上承接市委生态文明办工作任务，对下统筹协调抓好生态警务整体谋划推进，建立每周通报、每月督导、每季推进等常态化工作制度，定期召开工作例会，每季召开专题会议研究推进情况，重大标志性项目实行局领导领办机制，相关工作纳入局领导每月带班督导内容。打造“市县上下联动、警种横向协同、部门多元共治”的一体化运行机制，统筹推进湖州公安助推高水平建设生态文明典范城市工作。

2. 做强生态警务联勤共治中心。放大全国首家环侦作战分中心先行优势，迭代升级成立市县两级公安机关生态警务联勤共治中心，相关行政执法部门按需进驻（常驻或轮驻）。内部设置“指挥协调区、情报研判区、行刑共治区、应急联勤区、督导督办区、检验检测区、理论研究区”七大功能区，打造指挥扁平化、部门联动化、执法全域化的基层生态综合治理的“指挥部”“参谋部”“作战部”，支撑区域性、行业性生态环境违法犯罪线索的发现、情报研判和闭环处置。

3. 做精生态警务联勤共治工作站。充分发挥生态警务联勤共治工作站作为基层生态环境治理“前沿哨卡”的作用，完善一批点位、迭代一批站点，提升实体化运行效能。进一步规范建设运行标准，出台《湖州市公安局生态警务联勤共治工作站标准化建设指南(修订版)》及评估细则，在职能整合、数智赋能、机制落地、站网融合等方面持续发力，实现数据融通、业务流通、部门互通、工作融通，防范风险隐患，解决突出问题，攻坚治理难点，激发生态警务联勤共治工作站的治理功能。常态化组织开展示范创建和亮晒比拼活动，做到“一站一品牌、一地一特色”，打造具有湖州辨识度的生态警务拳头产品。

4. 做优生态警长工作室。按照生态警长的不同类型，在全市布建“警长工作室”，把工作触角延伸到问题最突出、情况最复杂、群众最关切的第一现场。抓好警长职能标准化建设，积极发动网格员、志愿者、护林员等社会力量和群防群治队伍，常态化参与环保巡查、风险排查、宣传教育等工作，配套上线“生态卫士”掌上执法应用，构建起“日常巡查—线索上报—信息流转—反馈评估”的闭环管理机制，形成以“中心—警务站—工作室”三级架构为核心的新型生态警务联勤共治矩阵，树立社会基层环境治理体系和治理能力现代化的标杆。

（二）全链闭环护航体系

全链闭环护航是核心任务，解决业务体系再造问题。聚焦公安主责主业，以合成作战模式开展主题式打击，开展打击提质工程、防范提档工程、治理提升工程、服务提效工程，业务链条环环相扣、责任链条层层压实，实现“打、防、治、服”四位一体全流程闭环。

1. 精准式打击。打击是最主动的防范、最有效的震慑。按照“打源头、端窝点、摧网络、断链条、追流向”要求，以线索导侦为牵引，每季度发起一次主题式打击，推进全领域大要案攻坚。强化与行政执法、电商平台等单位的常态化协作，构建多元化线索体系，增强线索输出和专案经营能力，全力推进“打假除劣”惠民行动，打击污染环境和食品安全类案件，营造最优法治化营商环境。

2. 前置式防范。每季度开展不少于 1 次的河湖、林区守护系列行动，健全“主动发现、快速响应、闭环处置”机制，严密防范跨区域非法倾倒渣土、车辆尾气超标排放和“炸街”、生活噪声等污染。加大数字化改革应用场景研发，加大前端设备布建，依托科技赋能提升风险隐患防控能力。强化“5+X”联合金融风险排查体系建设，守牢湖州网络金融投资平台总部“零爆雷”底线。

3. 深度式治理。开展“一案一治理”，对侦破的每一类案件进行深度分析，找出监管环节的漏洞，向党委政府和行政执法部门建言献策，推动开展行业源头治理并形成长效机制。针对全市安全隐患问题最突出的路段，开展“零伤亡”平安路段创建工作，加大城市道路路口标准化改造，以及农村道路及国省道路交叉口安全设施优化。抓好乡村旅游、滨湖度假、休闲露营等新兴行业治理和“文明养犬行为提升行动”，助推城市精细化管理。

4. 温馨式服务。深入实施营商环境优化提升“一号改革工程”，为全市46家上市公司、4139家企业梯度配备企业警长，实行驻企警官制，经常性走访、联络、督促落实安全制度，定期对企业开展污染防治、知识产权保护等培训，指导企业进行自我管理、自主治理。迭代升级“云保标”应用场景，实时更新“湖州市知识产权刑事保护重点企业名录”，重点企业商业秘密风险“体检率”达到100%，研发上线“菰城美警·心服务”平台和“湖警芯服务”手机端，逐步实现群众、企业政务事项“一标通办”“一事联办”“一网通办”。

（三）全域联动协同体系

全域联动协同是关键载体，以解决协同体系深化问题。立足基层环境治理、行刑衔接、区域协作，创新推进全领域、全过程、全环节的协作机制，形成“全市一盘棋、全域一张网”生态治理格局。

1. 基层治理协同机制。强化生态警务联勤共治工作站“勤务联动、问题联排、隐患联治、纠纷联调、风险联控”的“五联机制”，完善生态警长履职和网格化管理的衔接融合，根据辖区生态治理难点、堵点、痛点问题，统筹民安救援队、古道考察队、本地登山队、“平安守山护水”卫队等社会群防群治力量参与生态治理，建立具有本地特色的生态守护联盟。

2. 部门执法协同机制。与全市8家行政执法和刑事司法单位签订《湖州市食药环知违法犯罪领域全面深化行刑共治战略协议》，该协议包含协助配合、信息共享、案件移送、会商咨询、办案联动、行业治理6项机制具体内容，逐一对接，细化落地，确保在行刑共治重点领域“零梗阻”。规范各级联勤联动机构入驻、派驻机制，实体化运行，每周会商、每月轮值、每季开展不少于一个领域的违法犯罪打击行动。完善专家团队法律支撑、新型案件联合攻坚等工作机制，推动开展环境损害评估鉴定、公益诉讼，强化全链条打防治理。

3. 区域合作协同机制。着眼长三角一体化发展战略大局，以长三角区域警务一体化行动、服务保障长江经济带高质量发展活动为契机，加强同上海、江苏、安徽等周边省市的对接合作，针对跨区域固废倾倒、太湖禁捕、运河治理等共性难点问题，从警务合作区域、方式、内容等多个维度，推动线索共享、执法协作、联合治理等方面出台一批可操作、可执行的区域协作机制文件，促成一批跨区域协作的优秀案例。

（四）全时在线智治体系

全时在线智治是总体牵引，解决数治体系迭代问题。以“生态警务协同智治应用”为载体，加快应用场景建设，加大前端设备布建，加强合成作战能力，推动技术、机制、体制“三轮驱动”，实现流程重造、管理重构、制度重塑，带动生态警务效能整体跃升。

1. 建好一个主干平台，赋能深度研判。完善“生态警务协同智治应用”功能，丰富“生态治理数据舱”各类信息，把湖州市生态领域职能部门数据全部贯通接入，打通与浙江省公安厅相关系统、“湖州城市芯大脑”数据指令的对接贯通，汇聚更多的数据资源。通过“要素、防范、处置、办案”四大协同板块，构建强大的系统运算功能，深化风险预警预测，对重复类警情、网络数据、新型案件开展专项研判，从中发现规律性的线索，产出有效产品，增加成案率，突破了一批行业内的首例性大要案。

2. 建强一批模型场景，赋能主动发现。持续迭代升级应用场景，完善非法捕捞、渣土倾倒等5大应用场景、13个个性化子场景的模型，把烟草专卖局相关系统等专业应用场景接入主干平台，增加应用新算法，加强对相关领域违法犯罪的监测预警、线索研判、落地核查。加大前端设备投入，进一步增强主动发现能力。

3. 建优一套运行机制，赋能合成作战。强化市县两级环侦作战分中心合成作战机制，建立每日研判、每周会商、每月预警、每季主题式打击等制度。在全市组建20人左右的环侦数据研判战队，建立市县所三级上下联动、平时分散、战时合成的现代化数据作战机制。出台规范性文件，完善与阿里巴巴、抖音、拼多多等互联网平台和与市场监管、生态环境等部门的信息数据共享规则。

（五）全美样板话语体系

全美样板话语是价值所在，解决理论体系搭建问题。创新推出“生态警务指数”，建立生态警长、生态警务联勤共治工作站、生态警务协同智治应用，建设“地方标准”“行业标准”，加强生态警务理论研究，持续扩大具有辨识度的生态警务品牌影响力。

1. 催化评估标准成形。科学设置“生态警务指数”评价指标，从环境质量、打击质效、治理成效等多维度量化具体指标，分级分类设置指标指数，通过“月考核”动态监测工作成效，“季通报”准确分析工作短板，“年评比”正向激励先进典型，形成现代生态环境治理体系和治理能力的科学评估标准。

2. 孵化理论研究成果。以实战化、专业化为导向，与浙江生态文明干部学院、南京警察学院等专业院校，以及生态智库联盟建立战略合作关系，邀请侦查专家、情报能手、法律学者授课，深入开展生态警务实践的理论研究，以实践完善理论，以理论指导实践，着力解决侦查办案、分析研判和数据实战等难点问题，提高大数据、法治化条件下的情报侦查、侦查取证等能力，提升环境领域犯罪打击治理的理论研究和实践创新水平，打造全方位、立体式的生态警务理论综合体。

3. 亮化美丽品牌呈现。围绕“高层次领导批示、高质量理论成果、高规格会议推介、高频度宣传报道、高水平研究基地、高素质人才团队”等方面，系统提炼湖州生态警务特色做法，宣传推广“可看、可学、可参照、可复制”的生态警务经验，讲好守护绿水青山的生动故事，持续扩大生态警务品牌影响力。量身定制生态警长先进典型培养计划，每年开展优秀生态警长示范评比，培育湖州公安生态保护治理的专家团队和行业领头人，全面展现生态警长“群英现象”，让具有辨识度的湖州生态警务在美丽中国看见、呈现。

生态警长

生态警务联勤共治工作站

生态警务协同智治应用

第三节　生态警务的实践探索

一、生态警务的发展过程

20 世纪 80 年代，太湖流域水质清浅、鱼米飘香，一首“太湖美、美就美在太湖水”被世人经典传唱。进入 20 世纪 90 年代，随着环太湖流域的苏州、无锡、常州、湖州四城迅速崛起，太湖水环境不断恶化。1997 年，国务院开启太湖流域环境保护的“零点行动”，湖州公安由此迈出了生态环境保护治理的第一步。

2005 年 8 月 15 日，时任浙江省委书记的习近平同志在安吉余村首次提出“绿水青山就是金山银山”的科学论断后，湖州市委市政府深入开展“811”环境污染整治工程，湖州公安积极投入重点污染行业整治，配合行政主管部门关停了一批矿区、扫除了一批污染源，经过 8 年整治，美丽的太湖水又见碧波荡漾。2013 年，浙江省开展“五水共治”专项工作，湖州公安率先配套推行“河道警长”，开创警务工作与生态治理融合的先例，初现生态警务雏形。2014 年，湖州成为全国首个地市级生态文明先行示范区。同年，湖州公安在实施民意导向警务改革过程中，在全省率先建制成立市县两级食药环侦查机构。2015 年，把“守青山、护绿水”纳入年度“惠民十大行动”，开展“守青山、护绿水”专项行动；2016 年，研究出台一系列行刑衔接制度；2017 年，研究出台食药环案件执法办案“四个一律”标准，开展护航剿灭 V 类水行动；2018 年，开展湖州市河道警长护航大巡河活动；2019 年，湖州公安“守青山、护绿水”专项工作经验，作为浙江省公安机关践行新时代“枫桥经验”典型予以推广。多年来，湖州公安始终牢记习近平总书记的叮嘱，矢志不渝践行“绿水青山就是金山银山”理念，在生态环境保护领域辛勤耕耘，一代接着一代干，促进了生态文明建设发展。

实践的不断发展开辟着警务工作新历程，实践的不断深入提出了时代新任务。2020 年，湖州公安在系统总结六年“守青山、护绿水”专项工作经验的基础上，提出在更高层面、高质量建设生态警务，把生态警务放到新时代美丽湖州建设大局中思考谋划，过程大体经历了四个阶段。

（一）形势之变引发观念之变：思想“破冰”阶段

2020 年春天，习近平总书记在统筹全国疫情防控和经济社会发展的关键时期，再次到浙江考察，要求浙江“努力成为新时代全面展示中国特色社会主义制度优越性的重要窗口”，并重访安吉余村，强调“绿色发展的路子是正确的，路子选对了就要坚持走下去”。这给湖州公安带来深刻思考，虽然过去几年湖州公安在生态环境保护上做了些探索，取得了一些成绩，但形势不断变化，社会快速转型，经济发展和生态保护既不能竭泽而渔也不能缘木求鱼，湖州公安绝不能在功劳簿上沾沾自喜、故步自封。如何在新时代把“绿水青山就是金山银山”理念转化为公安工作的制度优势，把制度优势转化为治理效能，把治理效能转化为实践成果，勇立潮头，再谋生态保护治理的公安新篇，展现湖州“生态文明建设窗口”，成为湖州公安面临的时代新课题。问题是思维的起点，思维是行动的指南，决定创新的结果。对此，湖州市公安局党委深入基层大调研，开展警种大商酌，组织全警大讨论，在思想认识层面解决“为什么”的问题，为生态警务改革奠定思想基础。

（二）观念之变触发策略之变：谋划“破题”阶段

在统一全警思想后，2020年年底，湖州市公安局党委正式提出生态警务建设，作为“美丽警队”战略体系的显著标志、重要载体进行谋划部署。争取党委政府支持，把生态警务工作纳入湖州市国民经济和社会发展第十四个五年规划和二〇三五年远景目标，把生态警务在百度百科官方认证注册。针对公安处在生态治理链条末端的窘境，把策略从原来的“以打为主”调整为“以防为主、以打为要、以治为基、打防治并举”，从原来的“事后打击”向“事前防范”转变、“单打独斗”向“齐抓共管”转变、

“传统手段”向“科技赋能”转变，敢于破题，率先破题，从策略层面解决“怎么干”的问题。

（三）策略之变激发路径之变：机制“破壁”阶段

2021 年，湖州市公安局党委多次专题研究，全面铺设生态警务建设框架，探索具体落实载体，确定实践路径。第一条路径，通过生态警长建设，带动基层基础架构体系的重塑变革；第二条路径，通过生态警务联勤共治工作站建设，驱动协同共治、机制集成的重塑变革；第三条路径，通过生态警务协同智治应用建设，牵动业务流程模式的重塑变革。以这三项建设为切入口，打破制度藩篱、机制禁锢、信息壁垒，解决体制、机制和技术瓶颈，推动生态环境治理体系深刻变革，在战术层面解决“干什么”的问题。

（四）路径之变萌发模式之变：体系“破茧”阶段

在生态警长、生态警务联勤共治工作站、生态警务协同智治应用“三项载体建设”实践基础上，2023 年，湖州公安把生态警务上升为湖州市公安“一号工程”，以系统观念和迭代思维进一步优化顶层设计，把原来分散的、碎片化的做法有机整合、系统提炼，形成以“五全体系”为主要内容的生态警务运行模式，构建起警务运行的“四梁八柱”，形成生态警务制度化成果，整体工作破茧成蝶、跃升蝶变，在体系层面解决生态警务“什么样”的问题。

二、生态警务的实战做法

湖州公安在实施生态警务过程中，依托“三项载体”“五全体系”的制度机制优势，不断创新完善战术打法，在实战中持续发挥治理效能。

（一）做精生态守护专业力量

建强队伍，提升能力。聚焦机制改革，成立市县两级公安机关生态警务联勤共治中心，原市县两级公安食药环机构全部更名为环境犯罪侦查支（大）队，配置环侦民警 65 名，其中，湖州市公安局环侦支队配置民警 19 名，安吉县局环侦大队配置民警 14 名，成为全省警力拔尖的环侦力量。聚焦全警共治，湖州市公安局党委班子成员全部对应市级“河长”“湖长”“林长”，担任湖州市主要河道、林区的“河（湖）警长”“林区警长”，带头参与河湖林区治理。湖州市公安局机关民警全部担任湖州市区主干道——太湖路“路长”；在湖州全国文明城市创评复评中，全警动员、全警上路，丰富“警长制”护航体系。聚焦能力建设，建立典型引领、骨干培育、师徒传承、全警培训“四位一体”机制，先后涌现“美丽浙江建设突出贡献个人”杨可大、“全国打击危废先进个人”孙家豪、“昆仑”专项工作先进个人王全德、浙江省“最美环保人”徐如松等先进典型；有 7 名民警成为省部级食药侦查专家，湖州市公安局环侦支队获评

“全国打击危废环境违法犯罪表现突出集体”“2021年度长江禁渔执法监管先进集体”。

（二）做实生态治理基础工作

抓基层，强基础，完善基层治理。打造基层治理支点，在已建13个生态警务联勤共治工作站的基础上，根据问题导向、实战导向，会同生态环境、农业农村等部门，做好已有警务站功能完善和新增选址工作。如在德清大运河生态警务联勤共治工作站，重点整治周边企业偷排污水和船舶倾倒固废等现象，在南太湖新区“黄金湖岸”生态警务联勤共治工作站，建设未来景区生态服务中心。打通基层区域协同，深化同上海、江苏、安徽等地公安、环境等部门的基层执法合作，建立多部门联动执法联席会议、常设联络员、重大案件会商督办“三项制度”和案件移送、联合调查、信息共享、奖惩机制“四项机制”，做到排查零盲区、整治零懈怠、打击零容忍、协作零距离，搭建严密的基层生态环境保护网。打破基层自治瓶颈，探索推出“最美湖警”掌上应用，打造专注民生服务、政务服务、防诈反诈、警务资讯等功能的App，在微信小程序和“浙里办”App上线。2020年以来，湖州公安为企业复工专员配备项目警官1100余名，累计为企业提供开复工名单审核2.8万人，接受健康码、防疫通行证等政策咨询6万余次。

（三）做优智慧生态监管体系

融入数字改革，提升警务效能。全量汇聚生态数据，建成生态环境数据“大基座”，完善生态警务协同智治应用功能，建立智慧生态监管体系，横向与12个行政部门建立多跨协同，与“食安”“智慧环保”监管等行政部门开展系统数据交互，形成“生态数据池”（见图4–3）。纵向建立市、县、乡镇（街道）三位一体推进的治理架构，利用手机浙政钉“生态卫士”，融汇生态巡查、证据固定、线索流转，每天大量捕获有效数据。全面协同业务流程，建强指挥中台、打处端和治理端，打造多警合成作战指挥体系，会同市场监管、生态环境等行政部门梳理业务流程，从“110”、“12345”湖州政务服务便民热线、信访投诉举报数据切入，对所有线索进行智能分拣，

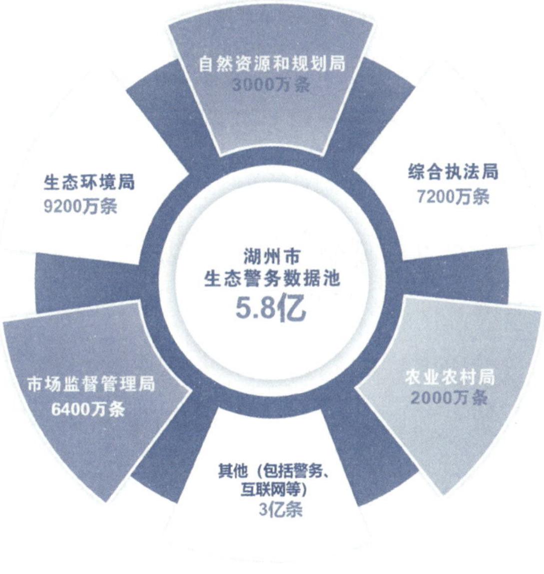

图4–3 生态数据池

设立 92 项主要指标，行政部门、公安机关对线索同步核查、同步入库、同步对比，把群众对环境食品药品的安全感、满意度和打击成效、侦破大要案情况挂钩，重塑生态警务的技战术业务流程。全域拓展场景应用，在太湖等重点禁渔区域增设前端设备，强化非法捕捞、非法倾倒渣土等子场景的预警算法。2021 年 3 月，德清县公安局利用模型成功摧毁一条非法倾倒渣土的产业链，涉案车队非法倾倒渣土 3830 车、15.3 万吨，案值达 400 余万元。2020 年以来，湖州市共破获跨界倾倒渣土案件 54 起。

（四）做强生态环境风险防控

坚持主责主业，坚持以打促防。打好“蓝天保卫战”，对涉气犯罪“零容忍”，针对含硫量超标成品油非法销售的问题，联合市场监管、交通运输等多部门持续开展专项行动，注重新型涉气犯罪的研究，通过线索查获德清一家企业使用“三氯一氟甲烷”作为发泡剂生产原材料，由此破获全国首例违法使用 ODS 污染大气的环境刑事案件，被联合国环境规划署收录。打好“碧水守卫战”，约谈涉水涉危涉重企业负责人 2500 余人次，行政拘留 178 人，促使企业主体落实新《环境保护法》。2021 年，部署开展打击污染环境犯罪“剑锋 5 号”统一行动，破获涉废矿物油污染环境案件 9 起，抓获犯罪嫌疑人 19 人，查获废矿物油 15 吨，打处成效居全省前列。打好“生态资源护卫战”，全面推行森林、野生动植物等生态资源“户籍化”管理、精准化保护。2022 年，湖州公安通过对非法狩猎类案件犯罪规律特点的研究，以热成像仪、报警器、捕兽夹等作案工具网络销售为切入点，连续破获非法狩猎案件27起，抓获犯罪嫌疑人39名，缴获枪支1把。

（五）做大生态环境共治合力

联动协同、共治共建。聚焦行刑衔接，推动出台《湖州市生态文明建设执法工作联席会议议事规则》，每季度召开一次生态文明执法联席会议，出台《固体废物污染环境防治法》行政拘留条款具体裁量标准。加强与市级行政执法部门沟通，以市县“生态办”、公安机关生态警务联勤共治中心为架构，成立“环警专班”，实现驻市县区环保局联络室全覆盖，专门研究新型环境违法犯罪规律特点。2020年新冠疫情期间，湖州公安联合检法仅用时10天，侦办了全省首例销售不符合标准的医用口罩案。将“地域水域有界、护航生态无界”全面融入长三角区域警务一体化行动，深化在线索合作、执法办案、打击犯罪等领域的全方位合作。2020年7月，江浙两省交界的织里镇曙光村有人私下倒卖废甲酯油，湖州公安联合江苏警方一举破获该起跨省处置危废案，抓获犯罪嫌疑人34名，查扣废甲酯油600吨，涉案价值达1000余万元，该案成为长三角地区首个跨省联动判决的生态环境案件，入选最高人民法院2021年度环境资源审判典型案例。

三、生态警务的实践成果

经过这几年的探索实践，生态警务的制度机制和做法基本成熟定型，警务改革的红利进一步释放，生态环境保护治理的效能越来越凸显，绿色真正成为湖州最靓的底色。

（一）“绿水青山就是金山银山”的贡献度显著提升

人不负青山，青山定不负人。经过实践证明，“绿水青山就是金山银山”理念是点绿成金、颠扑不破的真理，湖州公安通过生态警务的探索实践，用实际行动护好了生态“高颜值”，催生了经济“高价值”。2005 年至 2022 年，湖州地区生产总值从 640 亿元增长到 3850 亿元，年均增速 11.1%；2022 年，城乡居民收入比 1.6∶1，为浙江省城乡居民收入比最低的城市之一。湖州以优美的生态、良好的治安、宜居的环境，吸引了国内外众多游客。2022 年，在全国新冠疫情多发的情况下，湖州接待过夜游客量 4179 万人次，旅游总收入 1184.3 亿元，旅游业增速位列全省第三，德清“洋家乐”成为高端民宿“代名词”，年接待游客超过 700 万人次，湖州公安参与制定的《湖州市乡村旅游促进条例》《德清县民宿管理办法（试行）》，成为全国首部乡村旅游领域和民宿管理地方性法规，德清“洋家乐”的“涉外教科书式”执法成为全省样本。2023 年 8 月 15 日，国家首个“生态文明日”主场活动在湖州举行，习近平总书记作出重要指示，强调“全社会行动起来，做绿水青山就是金山银山理念的积极传播者和模范践行者，身体力行、久久为功，为共建清洁美丽世界作出更大贡献”。[①]

（二）群众的满意度显著提升

发展经济是保护民生，保护生态环境同样是为了民生。湖州公安以生态警务推动“好风景”与“好经济”共生，统筹生态环境领域打击、防范、治理、服务等各项工作，助湖州获得全省“无废城市”指数第一、绿色发展指数第二、美丽浙江考核“十一连优”、“五水共治”大禹鼎“九连冠”，以全国第一的成绩实现文明城市“连冠夺牌”，并在全省率先实现全国文明城市市县“满堂红”。这些年，老百姓对湖州的安全感、认可度长期保持在98.5%以上的高位，对生态环境的满意度从2020年的87.02%，上升至2023年的93.36%。老百姓生活在蓝天白云、清水绿岸、鸟语花香、田园风光中，共享自然之美、生命之美、生活之美，得到了更多获得感。

（三）实战的智慧度显著提升

湖州公安推动数字化技术与生态警务深度融合，通过智能化、

---

① 《习近平在首个全国生态日之际作出重要指示强调　全社会行动起来做绿水青山就是金山银山理念的积极传播者和模范践行者》，载人民网2023年8月16日，http://jhsjk.people.cn/article/40057576。

个性化场景模型应用，以更强的算力算法，实现对生态环境违法犯罪的主动预警预测，发现了以往没有发现的环境问题，主动发现线索、破获案件占比提升至43%。通过数字改革，实现情报导侦、合成作战等机制重塑，“破大案、打串案、攻新案”能力大幅提升，部督、省标案件占比同比上升31%，相继破获了一大批全国全省的“首例性”大要案，总体打处质效连续多年位居全省同类地区第一。2020年12月，湖州公安主动发现一种以易制爆物品氯酸钠为主要原料的“COD去除剂”，通过数据模型排查湖州市100多家重点排污单位，**由此破获全国首例违法使用“COD去除剂”污染环境案，公安部专门发函祝贺，生态环境部发文要求各级生态环境部门学习借鉴湖州公安的经验。**

（四）治理的协同度显著提升

湖州公安通过构建政府部门、企业单位、人民群众共同参与的生态环境治理格局，建立生态警务联勤共治工作站等协同阵地，搭建“五联”等协同机制，推动了生态环境治理领域全方位、系统性、重塑性变革，一线处警时间平均缩短1/3，联勤联动次数大幅增加。2020年以来，开展生态领域联合集中统一行动775次，累计发现隐患1881个，现场整改率达80%以上，风险隐患发现率平均提升40%。通过建立健全行刑衔接机制，深化与行政部门间执法协同合作，推动了原环境保护部联合公安部、最高人民检察院印发《环境保护行政执法与刑事司法衔接工作办法》，为部门联动打击隐蔽违法犯罪提供依据支撑。深入推进长三角区域合作，与江苏无锡、苏州等地建立太湖禁捕管理工作协调机制，合力破获太湖流域特大非法捕捞水产品案。现在，“警灯亮起来、巡逻多起来、联勤快起来、群防动起来、生态好起来”已成为常态。

（五）警队的美誉度显著提升

中央书记处书记、国务委员、公安部部长王小洪在十四届全国人大常委会第六次会议联组会议上回答询问时就探索生态警务机制指出“浙江省积极推广以湖州市为代表的生态警务工作经验”，充分肯定了湖州公安生态警务的做法。浙江省公安厅指出：“生态警务”要打造为浙江公安品牌。生态警务相关工作相继得到《人民日报》、新华社、《新闻联播》等国家级主流媒体宣传报道，**2023 年生态文明贵阳国际论坛，湖州公安系全国唯一受邀地市级公安机关作经验交流发言**；2023 年长三角区域警务一体化领导小组会议上，《携手十年禁渔 共望一湖碧水》工作纪实片，获得与会领导和同事的赞许。近几年，山东、青海、福建、内蒙古、宁夏等地公安机关陆续到湖州考察学习生态警务工作经验，湖州市公安局先后获评湖州市改革突破奖、“湖州市生态文明建设十大公关案例”金奖、湖州市生态文明建设改革创新典型案例、湖州市共同富裕最佳实践案例等奖项，生态警务工作成效得到各级领导和社会各界的高度赞扬。

第五章

“美丽警队”的智慧赋能

习近平总书记强调，“要把大数据作为推动公安工作创新发展的大引擎、培育战斗力生成新的增长点，全面助推公安工作质量变革、效率变革、动力变革”①。近年来，湖州公安立足公安部大数据智能化实战、浙江省数字化改革和浙江省公安厅“公安大脑”建设的大背景，聚焦提升“核心战斗力”，大力实施智慧警务，探索构建以“芯大脑＋云眼睛＋智手脚”为赋能支撑的智慧警务体系，为“美丽警队”建设提供了变革动力，推动了警务运行从传统模式走向数字现代模式，使公安体制机制技术得到系统性重塑、整体性变革，是具有湖州辨识度的现代警务新体系的“新”之来源。

① 《习近平：坚持政治建警改革强警科技兴警从严治警　履行好党和人民赋予的新时代职责使命》，载《人民日报》2019 年 5 月 9 日，第 1 版。

第一节　智慧警务的基本内涵

在现代汉语中，“智慧”一般是指辨析判断、发明创造的能力；迅速、灵活、正确地理解事物和解决问题的能力。进入新时代，随着云计算、互联网、物联网等信息技术的快速发展，“智慧”成为催化社会治理蝶变的“加速器”，现代警务工作迫切需要“智慧”。

一、智慧警务的内涵与发展

（一）智慧警务的内涵

根据现代警务的功能特点及发展演变趋势，智慧警务是在大数据时代背景下，以云计算、互联网、物联网等信息技术为支撑，以公安机关各部门实际需求为导向，以公安数字化为核心，通过感知化、互联化、物联化、智能化的方式，以“智能的情报分析、精准的指挥调度、迅捷的行动打击、有效的管控防范、便捷的惠民服务”为代表的警务发展新理念和新模式。

智慧警务是一种新型的警务发展形态，核心特征在于“智慧”，智慧警务建设是汇聚人的智慧，赋予物以智能，使汇集智慧的人与具备智能的物互存互动、互补互促，以实现警务运行质效的最优化。它标志着公安信息化走向数字化、网络化、智能化三者的高度融合——智慧化。与以往的数字警务、智能警务相比，智慧警务不仅强调大数据、云计算、人工智能等新一代信息技术在其中的支撑作用，更加强调人的参与性。换言之，智慧警务的建设不仅仅包括技术支撑，更加强调体制突破与机制协同，以对社会需求作出明确、快速、高效、灵活的智能响应，实现警务运行质效的最大提升。

（二）智慧警务发展历程

我国智慧警务建设的探索最早起源于20世纪80年代公安信息化建设，公安通信、专用计算机网络、公安指挥信息系统等平台建设，为智慧警务发展提供了前提与基础。2003年，党中央提出全面实施科技强警战略，全国各级公安机关开展了新型的警务信息化建设，公安工作信息化工程“金盾工程”顺利完成，成为构建智慧警务的实践基础和物质基础。

2013年，随着国家“大数据元年”到来，警务工作逐步与大数据结合，形成“大数据警务”。云计算、互联网、物联网等新一代信息技术逐步应用到公安实战中，成为科技强警的关键。浙江公安开启以数据大整合、大融合、大应用为标志的“智慧浙江公安”建设，提出以项目为牵引，搭建面向全警的创新应用平台、打造信息化高地和特区、最大化利用外脑借力创新、培养信息化专业人才等。

2013 年开始，湖州公安在大数据警务的探索实践中，逐步将云计算、互联网、物联网等技术与公安工作结合，在全面采集和高度整合海量信息的基础上，对数据信息进行深度挖掘、智能处理，产生具有打击、防范、管理、控制、服务等各领域的信息化成果，用以指导警务实战。

2020 年以来，湖州公安把智慧警务作为“美丽警队”战略体系的重要载体，前瞻性谋划、整体性设计、系统性推进，在 2021 年全省数字化改革、2022 年全省“公安大脑”建设、2023 年全国公安大数据智能化实战等技术变革中，不断探索以“芯大脑 + 云眼睛 + 智手脚”为代表特征的湖州公安智慧警务布局，推动公安工作从技术、机制、体制“三轮驱动”向技术理性、制度理性和价值理性“三个理性”跃升，提升公安工作智能感知、立体防控、快速处置与精准服务能力，构建具有湖州辨识度的智慧警务体系。

二、智慧警务的目标定位

当前，全球发展正在全面迈向泛数字化、泛网络化，大数据的发展方兴未艾。党中央提出推动实施国家大数据战略，公安部部署开展加快实施公安大数据智能化建设，这给智慧警务建设带来了机遇和挑战。湖州公安实施智慧警务，始终坚持改革强警、科技兴警，以打造全国智慧警务的模范标杆为定位，锚定“湖州大地更美丽、人民生活更美好、公安形象更美誉”愿景目标，通过构建“芯大脑 + 云眼睛 + 智手脚”赋能体系，运用先进信息技术手段，全面感测、分析、整合、应用警务运行中的各类数据信息，在推动公安工作“质量变革、效率变革、动力变革”中提升公安机关核心战斗力，在做深做实做细现代警务运行机制上加温加力加速，助推社会治理体系和治理能力现代化。

——聚焦“湖州大地更美丽”，回应党政所望。党的二十大报告指出，“完善国家安全法治体系、战略体系、政策体系、风险监测预警体系、国家应急管理体系，完善重点领域安全保障体系和重要专项协调指挥体系”“完善网格化管理、精细化服务、信息化支撑的基层治理平台”。2022 年，湖州市委市政府提出高水平建设生态文明典范城市，把迭代完善风险闭环管控大平安机制作为重要抓手，高水平建设平安湖州。如何以大数据提升社会治理体系和治理能力现代化，数字赋能，强化智治，构建城市常态化公共安全机制，更好地履行捍卫政治安全、维护社会安定、保障人民安宁的职能，是湖州公安面临的重要课题。随着城市化进程加快及经济发展，社会治安构成要素日渐膨胀，而信息技术的更迭和供需矛盾的激化，“数据藩篱”和“归属壁垒”的问题逐渐突出，碎片化的信息分布状态与及时高效决策的现实需求越来越不相称，信息资源整合应用亟待突破。湖州公安以智慧警务破解警务运行困局，摆脱传统路径依赖，突破利益固化藩篱，从全社会最关心关切、防范能力最薄弱的地方做起，健全完善社会治安防控体系和基层治理体系，以实现公共安全治理效果的最大化和最优化，使公安工作符合党委政府的要求和预期。

——聚焦“人民生活更美好”，回应群众所盼。随着社会数字经济的快速发展，数字不断拓展着智慧便利生活的边界，让美好生活触手可及。湖州公安以满足人民群众对美好生活向往为内在要求，以数字赋能，不断深化“警务供给侧”改革，把智慧警务与群众日常生活和公共服务深度融合，加强数字化、信息化技术在重要民生领域的深度应用，以智能换效益，推进**“一站式服务、一体化办事、一键式管理、一网通互动”**，拓宽警民沟通渠道，从以往“广设窗口、站点布警、坐等群众”向“让数据多跑路、让群众少跑腿”转变，更好地解决民生痛点、堵点、难点问题。如公安行政事项办理、车辆驾驶员管理、出境入境服务、户籍办理业务、道路交通安全指引、防诈骗宣传预警等，提高现代警务零距离服务群众的均等化、普惠化、便捷化水平，构建美好数字生活新图景，进一步提升人民群众的获得感和幸福感。

——聚焦“公安形象更美誉”，回应基层所想。基层稳则全局稳，基础牢则事业兴。公安工作点多、线长、面广，警力又相对不足，而传统警务往往是“汗水警务”，存在被动应付、粗放运作等问题，基层民警常处于超负荷高压状态，习惯靠经验凭直觉干工作，缺乏警务运行的系统性、科学性、实效性。科学技术是第一生产力。科技兴警要求湖州公安必须坚持基层导向，向科技要警力、要战斗力，推动警务模式由粗放被动型向精准主动型转变、由人力密集型向科技智能型转变。智慧警务的落脚点在于服务基层，以数字赋能广泛支撑公安实战，整合海量数据资源，运用信息化技术将分散、模糊的数据有序地关联起来，进行全面多维度分析，科学揭示事物发展趋势，由事后被动处置向事前主动预警转变，使警务运行质量与效率双重跃升，解决基层最紧迫、最现实、最亟须的问题，实现警务运行模式从“汗水”向“智慧”的迭代升级。

三、智慧警务的基本理念

（一）系统思维

马克思唯物辩证法认为，万事万物是相互联系、相互依存的。恩格斯指出，“当我们通过思维来考察自然界或人类历史或我们自己的精神活动的时候，首先呈现在我们眼前的，是一幅由种种联系和相互作用无穷无尽地交织起来的画面。”毛泽东同志在《矛盾论》中指出，“不但要研究每一个大系统的物质运动形式的特殊的矛盾性及其所规定的本质，而且要研究每一个物质运动形式在其发展长途中的每一个过程的特殊的矛盾及其本质”。邓小平同志指出：“有些事从局部看可行，从大局看不可行；有些事从局部看不可行，从大局看可行。归根到底要顾全大局。”习近平总书记强调：“系统观念是具有基础性的思想和工作方法。”[①]坚持系统观念，要求客观而不是主观、发展而不是静止、全面而不是片面、系统而不是零散、普遍联系而不是孤立地观察事物、分析问题、解决问题，在矛盾双方对立统一的过程中把握事物发展规律。

智慧警务建设是一项复杂的系统性工程。我国现代警务改革已迈进数字化、智能化发展的快车道，警务与人和物之间的相互感知和联系越来越紧密，警务理念也随之发生重大转变。湖州公安在智慧警务建设中坚持系统思维，主动融入全省数字化改革大局，加强前瞻性思考、全局性谋划、战略性布局、整体性推进，统一话语体系，优化细化业务谱系，科学制定规则，推动警务效能从量变到质变、局部到整体的跃升。

（二）融合共享

智慧警务一个重要特征是“协同共享”。在智慧警务建设中，借助新一代信息技术，促进公安机关不同警种、部门间及其与社会不同组织、领域间数据信息的集成与共享，通过技术创新，构建公安机关不同警种、部门间的协同工作机制，重塑警务运行流程，提高警务运行质效，创新警务管理方式，提升警务智能化程度。

---

① 习近平：《关于〈中共中央关于制定国民经济和社会发展第十四个五年规划和二〇三五年远景目标的建议〉的说明》，载人民网2020年11月4日，http://jhsjk.people.cn/article/31917783。

湖州公安始终坚持融合共享的原则，牢牢把握“三融五跨”的推进路径，统筹推进技术融合、业务融合、数据融合，提升跨层级、跨地域、跨系统、跨部门、跨业务的协同管理和服务水平。坚持共建共用共享，做好资源、手段、职能、机构的整合文章，强化数据平台贯通、应用功能贯通，推动业务流程贯通、体制机制贯通，不断提升警务效能。

（三）实战实效

智慧警务是一场新的警务革命。通过变革把传统的公安战斗力生成模式转变到依靠以数据信息为核心的高新技术上来，拥有对海量数据集成、分析、处理的主导权，强度整合、高度共享、深度应用，把大数据优势转化为公安工作优势，继而转化为治安防控优势，提高公安核心战斗力，解决基层系统繁多、数据信息孤岛、人力物力浪费等问题，增强公安管理的精准度，减少基层的工作量。

湖州公安在实施智慧警务过程中，坚持问题导向、效果导向、实战导向，坚持服务基层、支撑实战，着眼“一线民警好不好用、爱不爱用”，突出“以算力换人力，以智能增效能”，把大量的基层基础信息进行数据传输和数据交换，形成信息动态关联，使复杂问题简单化、烦琐操作智能化，使基层发现问题更精准、解决问题更有效，提升基层的核心战斗力，提高群众的安全感和满意度。

四、智慧警务的逻辑关系

智慧警务对于整合警务资源、重塑警务流程、创新警务模式、降低警务成本、提高警务效率，具有决定性作用。建设、应用和发展大数据是智慧警务建设的必由之路。湖州公安实施智慧警务，牢固树立“数据为王”理念，确立数据的基础性地位，全量汇聚数据资源，最大化实现资源与模型的匹配。同时，做到“数据为我所用”，确保数据资源应用实战的最大化。在智慧警务建设中，湖州公安把握了“四对关系”。

（一）把握好技术变革与机制重塑的关系

智慧警务不等同于系统平台建设。湖州公安实施智慧警务，不仅是技术层面、工具层面的提升，而且是在平台升级、系统开发、数据归集的基础上，以技术变革为支点，撬动警务体制机制的基础性、全局性、根本性改变。

一是情报主导勤务机制重塑。在以大情报全面主导，提升数字化实战应用能力的背景下，湖州公安提出以“情指行”一体化合成作战来承载智慧警务。情报居于主导地位，强化“智慧”情报理念，突出“先情报后行动”，**做强“大脑”、做精“小脑”、做实“手脚”，形成“大脑＋中台”“小脑＋手脚”的勤务工作模式。**

二是内部运行机制重塑。坚持从大局出发，厘清警种职责和事权关系，改变传统的“金字塔”型管理模式，最大限度统筹分散在警种的预警、分析、研判、指令等重复性工作，实现警务领导与指挥机制的扁平化，减少中间管理层级，加快数据信息流转，使机构精简、职能整合、快速反应、即时联动。

三是外部借力机制重塑。任何一个城市所拥有的信息资源都是海量的，为了能及时全面获取城市治安信息，更准确地判断区域治安状况，需要拥有与各类要素交流所需信息的能力。湖州公安主动融入城市大脑，在数据大基座建设的基础上，充分延伸数据触角，在视频专网、公安网打通与城市数字大脑的数字高速公路，实现公安大数据中心和城市数字大脑数据双向互通、资源双向共享、算力双向输出。同时，充分借用外力，与高科技企业合作，引进先进算法、模型，让社会力量“为我所用”，为各类系统与应用场景提供技术支撑。

（二）把握好整体推进与重点突破的关系

整体推进和重点突破是有机统一的辩证关系。重点突破是推动工作纵深发展的基本要求，是整体推进的必然路径；整体推进是一项工作全面发展的内在需要，是重点突破的最终目的。湖州公安实施智慧警务，既在重点领域寻求突破，又注重整体工作有效推进。

在整体推进上，湖州市公安局设置智慧办、大脑办，坚持目标引领、专班运作、项目化实施，统筹智慧警务建设发展方向、时间进度、整体效果。其中，目标引领是推行 OKR 管理模式，以“一年出成果、两年大变样、三年新飞跃”为目标，每月、每季、每年制定关键结果；专班运作是市县两级智慧办、大脑办实体化运作，针对“五中心”综合应用场景成立专班进行攻坚；项目化实施是制定项目建设目录，倒排 200 天攻坚计划。

在重点突破上，从三个方面率先攻坚：一是基座建设“牢”。大基座不牢，上层场景应用就是空中楼阁。大基座为智慧警务信息采集与感知扩容提供强大的基础保障，从社会生产、分配、流通、消费和服务管理等各环节，从时间、空间、对象等各个维度，归集不同属性、不同形式、不同密度的数据信息。二是场景应用“优”。智慧警务的功效在于场景应用，以“厘清需求、敏锐感知、汇聚融合、数据清洗、分层研判、管控实战、要素保障”为要点，研发更多优质的应用场景。三是“两屏”展示“实”。服务屏、治理屏是展现公安工作及成效的重要门户和窗口，服务屏动态展示公安服务民生窗口数据、惠民惠企政策推进措施，推动线上线下业务对接贯通，畅通企业和群众办事的渠道，使企业、群众一屏办成所有事。治理屏形成风险图、评判图和热点图，数字赋能公安业务“大治理”。

（三）把握好规定动作与自选动作的关系

湖州公安实施智慧警务，把规定动作作为基本线、自选动作作为合格线、创亮动作作为高分线，同步发力，同步推进。

一是做好必答题，做到规定动作接得住。必答题分两个层面：第一个层面是浙江省公安厅公布的21项公安数字化改革重点项目，每项都确定了相应的牵头部门；第二个层面是浙江省公安厅“152N”工作体系中的“1”，也就是JMZK系统；湖州市公安局“6+1”的任务，分别是建设新一代公安信息网数据域接入网、增强云边协同能力、加强市级数据治理工程、开展市级视频图像综合应用、建设市级信息安全防护体系和开展集成综合应用；湖州公安各区县局1项任务，即增强前端感知能力。

二是善做选答题，做到自选动作有创新。除了承接好对上的规定动作外，湖州公安立足本地本部门实际，形成自己的特色做法。探索“揭榜挂帅”机制，梳理一批应用场景面向各区县局认领试点，并在年度实绩考评中予以激励。

三是做优附加题，实现创亮动作走在前。智慧警务要创亮品牌，要有叫得响的模型应用。湖州公安认真思考，确定“生态警务协同智治应用”“反诈一哥”等重点创新应用，进行集中攻坚，力争在全省范围形成影响力。

（四）把握好系统建设与实战应用的关系

建设大基座和各类系统模型不是为了建而建，而是为了用而建。湖州公安以“立意高、切口小”，通过技术应用推动工作提档升级，把“好用、管用、大家用”作为评价系统建设成效的标准。

一是把“好用”作为设计标准。重视用户的体验感。民警和群众不愿用的系统就不是好系统，用不了的终端就不是好终端。强化丰富系统后台功能，前台用户界面简洁明了，用户操作“傻瓜式”，通过简单触摸、输入、拍照就能操作使用，通过一次输入就能解决多头报送。

二是把“管用”作为实效标准。重视用户的需求度，表现为行动指令精准推送、复杂信息精准治理。当前一些线索产品有的因为信息数据不对等，需要基层再次研判分析后执行，降低了执行效能。“情指行”一体化合成作战综合应用作为8项核心应用之首，实现对警情处置全流程的即视、即呼、即支撑。

三是把“大家用”作为执行标准。重视用户的使用率，通过高频的使用率可以发现系统在设计、使用中存在的问题，并提出完善需求，促进系统的升级优化。湖州公安建立系统应用定期排查梳理机制，扩大系统应用的覆盖面，形成规模效应，不断完善系统功能，让民警从“要我用”转变为“我要用”，使系统建设与实战应用的闭环更为畅通高效。

第二节　智慧警务的总体架构与赋能体系

2020年以来，在公安部大数据智能化实战、省数字化改革、省厅“公安大脑”建设大背景下，湖州公安对照市委市政府和省公安厅一系列部署要求，锚定“湖州大地更美丽、人民生活更美好、公安形象更美誉”愿景，探索构建了“芯大脑+云眼睛+智手脚”为赋能支撑的智慧警务新体系。

技术上，深化“芯大脑+云眼睛+智手脚”能力提升，紧紧围绕科技赋能，增强“数智赋能”原动力，不断完善“芯、云、智”的运行架构和赋能方式，通过贯通算力、数据、算法、模型、组件、视频、安全等资源，全面提升数据计算、资源服务、安全防护、视频支撑等能力。

制度上，推动“芯大脑+云眼睛+智手脚”三方联动，以“情指行”一体化运行机制建设为抓手，依托“芯、云、智”赋能联动联处，推进体制机制系统性重塑、整体性变革，不断增强机关、警种、部门之间“合纵连横”的协同力，更好地开展风险闭环管理。

价值上，强调“芯大脑＋云眼睛＋智手脚”实战实效，紧扣“美丽警队”品牌载体，围绕党政所望、群众所盼、基层所想、未来所向，深入践行“实干争先”理念，全面提升“芯、云、智”数字赋能体系成效，不断提升公安机关核心战斗力。

一、智慧警务的总体架构

湖州公安智慧警务的总体架构是**“1612+N”。第一个“1”就是建立一个大基座；“6”就是建强“打击、处突、治理、服务、保障、派出所工作”六大团队；第二个“1”是建成以智慧大楼为物理融合的合成作战体；“2”就是建好“芯大脑＋心服务”两张屏；“N”就是建优N个数字应用场景。**

（一）智慧警务大基座

大基座突出警务的智慧度。① 按照“四横四纵两前端”体系架构，以信息化项目建设“一本账”、重大应用“三张清单”＋“V字模型”为路径方法，汇聚融合数据1130多亿条，对接人口数据14亿，日均新增感知数据6500多万条，并与华为、海康威视等企业搭建警企联合实验室。

① 警务的智慧度＝算料的连接度 × 算力的高速度 × 算法的精密度。

（二）智慧警务工作团队

把“处突、打击、治理、服务、保障、派出所工作”六大团队作为统一整体，相互关联、相互作用。团队具有改革这一核心属性、数字化这一基本属性、整体智治高效协同这一管理属性、智慧警务效能这一目标属性，最大限度地归总公安业务，协同推进智慧警务建设。

1. 智慧处突团队。围绕党的二十大和杭州亚运会等重大活动安保维稳，依托“情指行”一体化运行机制，厘清职责边界，强化业务协同，建成责权清晰、权威高效、协同顺畅、前后一体、预案完备的 C4ISR 应急处突指挥体系，实现应急指挥权威顺畅，合成作战协同高效，现场处置快速有力，高效应对处置各类重大突发案事件。

2. 智慧打击团队。围绕犯罪形势新变化，特别是涉网犯罪的发展趋势，以“集约化、专业化、智能化”为目标，打破警种壁垒，优化市局、区县局、派出所三级打击体制。通过建立健全新时代分类侦查打击机制、打击治理保障一体推进机制、规范考核评估机制、集中办案机制、打击专业队伍培育机制，重塑数字化改革背景下的侦查打击业务新流程，完善以信息导侦为牵引、整体作战为常态、科技应用为支撑，专业融合、力量整合、区域联动、精准契合的刑事侦查新格局。

3. 智慧治理团队。以预测预警预防违法犯罪、完善社会治安防控体系为目标，深化警源治理工作，优化治理要素服务管控和监督评价机制，建立治理业务协同处置机制、科学客观奖惩保障机制、基础信息服务实战奖励机制、民警依法履职免责机制、基础信息考核评价机制。建立网络安全保护和网络信息安全监管一体化平台，健全完善网络安全综合防控和保护、网络信息安全监管工作机制。依托实有人口多维数据管理系统，以摸清人口底数为目标、人员身份核验为“小切口”，精准开展实有人口管理。

4. 智慧服务团队。以市、区县两级“网办中心”建设为抓手，深化政务服务线上“一网通办”、线下“一窗通办”，重塑全警种业务审批、全要素监测保障、全链条闭环管理的公安政务服务工作体系。推广应用“一窗通办”数据分析研判平台，深化“放管服”改革，加强事中事后监管，加快推进行业信用体系建设。深化拓展“一件事”改革，推进车辆检测“一件事”集成改革 19 项措施。

5. 智慧保障团队。健全完善综合保障管理运行机制，集中要素资源，改进配置资源，升级改造组织人事保障、公安行政保障、执法办案保障、科技信息保障、监督管理保障五大子系统建设，全力构建“支撑一张网、保障一条龙”的警务保障综合工作体系。全面推进优化执法办案中心建设、警种专业化办案机制，深化执法监督管理机制、电子数据取证分析机制、先进典型选树培育机制、大监督工作机制、警务保障工作闭环管理机制、科技信息支撑保障机制等建设。

6. 派出所工作团队。深入推进“枫桥式公安派出所”创建活动，落实派出所办理刑事案件“负面清单”，推动派出所回归服务群众和基层治理主责主业，努力实现“基础牢、出事少、治安好，党和人民满意”的工作目标。健全警种部门支援派出所机制，推进派出所、巡特警、交警三警联动以及所队融合，深化开展“三晒三评”警种部门支撑服务派出所活动。推广应用警综派出所模块。建立基层治理多跨融通机制，以派出所警情治理为切口，充分借力镇街社会融合治理中心建设，完善警源治理工作机制。聚焦未来派出所建设，对派出所运行架构及机制重构再造，提升数字化支撑实战水平。

（三）“芯大脑＋心服务”两张屏

芯大脑屏[①]综合集成96个系统，实现省市县三级指令、预警、任务、消息闭环管理，并与浙警综、浙政钉全面贯通[②]。心服务屏[③]汇集260多类数据，具有政务服务、全民反诈、民呼警应等功能。

---

① 详见彩图“湖警智治·芯大脑”。

② “湖警智治·芯大脑”应用按照制造逻辑、产品逻辑、体验逻辑，聚焦“指挥调度、勤务管理、风险防控、指令执行、交通运行、重大任务保障、数据支撑”等8个方面的核心能力赋能基层一线实战。该应用上线以来，黄赌毒警情和盗窃发案同比分别下降20.9%、19.3%；预警劝阻电诈案件6800起，劝阻金额2.1亿元。

③ 详见彩图“菰城美警·心服务”。

（四）N个数字应用场景

湖州公安积极承接“反诈一哥”[①]、“途安在线”等7个全省数字化改革重大应用，以及9个浙江省公安厅“揭榜挂帅”项目，迭代升级12个标志性多跨应用场景，全景式呈现全局“一屏掌控”、警令“一键智达”、执行“一贯到底”、监督“一览无余”、服务“一网通办”的数字化协同工作场景。

二、认知层：“芯大脑”让公安工作更敏慧

（一）技术上提升“算力”量级

围绕智慧警务“智能高效、普惠易用、极致扩展”的算力需求，湖州公安累计投入3.1亿元，统筹优化湖州市算力基础设施，建成具有2000台服务器规模的市县一体化警务云计算平台，有效破解“核心算力较缺乏、一般算力不平衡”的难题，全面提升边缘计算能力，构建“云边协同”的计算体系。

（二）制度上强化指挥能力

湖州公安突出“快速响应、联勤联处”，以“线下支撑线上化、线上能力实战化、线上线下一体化”为导向，健全指挥架构，最大

① 详见彩图“反诈一哥”。

限度地减少指挥层次、拓展指挥跨度，实现纵向贯通、横向联通，解决单打独斗问题。一是建立“虚实二元一体”指挥结构。搭建市、县、所队三级树状实体指挥架构，在市、区县两级合成作战中心全面推行“双指挥长”+“最小作战单元”值班值守制度，确保指挥实时在线。同时根据实战需求，以事发地现场为核心，通过网络平台、融合通信，快速搭建虚拟指挥架构，破解突发事件处置支撑响应不到位的难题。二是完善动态勤务部署。根据“情报指挥中心统筹指挥、属地及专业警种主建主援”原则，由各责任部门从“人员、装备、制度、业务”四个维度着手，落实警力支撑。按照警力实时状态，把警力划分为“动态在勤警力”和“静态待命警力”两部分：动态在勤警力，由属地应急处置警力和警种增援警力组成，属地应急处置警力以社区网格力量、派出所巡防警力、辖区巡特警巡防警力等为主，主要承担本辖区内治安防控、警情处置及突发案事件先期处置，落实巡处合一；警种增援警力由PTU、交警铁骑组成，主要承担防范打击现行暴力KB违法犯罪活动、快速有效处置各类突发性事件及交通管制等职责。静态待命警力，即单位值守及备勤警力，根据社会面应急处置需求启动备勤待命，是动态在勤警力的补充，承担机动增援、跟进处置职责。三是完善一体化指挥平台。不断提升勤务排班率、设备关联率、在线可视率、预案数字化率，强化对全市在勤警力的在线管理和调度，实现要素在线可见、预案在线匹配、警力在线可调、指令在线下达。常态对街面动态在勤警力、快速反应控制圈、最小作战单元、基层所队值班领导进行应急拉动，确保湖州公安战力即时在线。

（三）价值上回应党政所望

深入开展"在湖州看见美丽中国"实干争先主题实践活动，以智慧警务进一步提升警务工作协同度。**一是守护绿水青山。**积极践行"绿水青山就是金山银山"理念，完善生态警务协同智治应用功能，在生态环境重点领域布设前端设备，研发生态环境保护一系列应用子场景，推动生态治理的技术变革，提升监测预警、动态感知、精准打防能力。**二是护航经济发展。**以打造法治化营商环境最优市为目标，建设"e企安·365"工作体系，构筑新时代"枫桥经验"企业版，全面提升企业安全自治能力。依托防范车险诈骗"御风"系统，打击涉保理赔案件560起（超过前三年全省打击数），为15家车险公司挽回损失2000余万元。**三是护卫社会平安。**牢牢守护浙北大通道的平安，紧盯日均1.4万余辆五类重点过境车辆，上线"途安在线"应用场景，强化实时感知预警，湖州市重点车辆交通事故数同比下降34.4%。实施青少年心理健康护航行动，建立教育、公安"双法治副校长"机制，排查心理疾病、监管缺失等潜在"问题"未成年人，依托"2251885护航热线"多次成功挽救欲轻生青少年。

三、感知层："云眼睛"让公安工作更敏锐

（一）技术上提升"算料"等级

搭建"云眼""云睛""云视"平台，围绕"海量、实时、精准"

的算料需求，依托“湖仓一体”大数据生态，搭建“四网”数据通道，全量归集“五跨数据”，实现与湖州城市大脑、浙警智治平台级联贯通、融合共享。按照部标体系开展标准化数据治理，改进数据处理和开发模式，为警务工作实时输出“实体、行为、标签、关系、轨迹、指标”6种能力。

（二）制度上强化研判能力

构建“多维一体、感知敏锐、预警精确”的风险感知工作机制，以“泛在感知、敏锐洞察”为目标，深入推进线索汇聚能力提升工程，织密前端线索感知网络，做到线索一网聚合，为决策、指挥、行动提供线索支撑。一是不断提升前端感知能力。围绕“网络与现实”，立足“人力与科技”开展感知体系建设。组建专群结合、线上线下兼顾的线索信息感知队伍，让线索前端感知触角延伸到公安各条线各层级。二是不断提升线索研判能力。着眼“个人与团队”组建湖州市线索专业研判力量，以“双师”认证工作为抓手，提升个体能力；以专业“线索研判室”认证工作为平台，通过创建省、市、县三级线索研判室，营造线索团队争先创优氛围，形成以人才凝聚团队、以团队培养人才的长效机制。三是不断提升线索汇聚能力。从“认可到认同”，建立跨警种、跨部门、跨专业的线索信息评估细则，线索从收集、研判、流转、反馈的全流程量化评估，消除线索共享壁垒，形成公安线索部门间良性竞争态势，提升全量线索信息汇聚、支撑服务实战能力。

（三）价值上回应群众所盼

以人民群众对美好生活的向往为方向，以智慧警务进一步提升警务工作响应度。**一是到群众身边更快。**在全市范围组建83支轻装、重装PTU和TPTU等应急处突力量，创建60个8分钟快速反应控制圈，在线搭建“处警用时提醒”模块，全市处警速度同比上升46.1%。**二是给群众服务更多。**建设便民服务分中心，构建“菰城美警·心服务”应用场景，研发“失物招领”“寻找老人”等10个特色模块，185项公安政务服务实现“一网通办”。实施“安居乡里”共富班车，形成覆盖广大农村地区的公安政务服务全域“15分钟办证圈”。**三是护群众安全更实。**高标准建设市县两级反诈中心，发布全国首个反诈领域地方标准，“反诈一哥”上线以来拦截诈骗电话61万次，劝阻金额2.18亿元，切实守牢群众“钱袋子”。

四、行动层：“智手脚”让公安工作更敏捷

（一）技术上提升“算法”能级

围绕风险监测预警、精准指挥调度、打防管控服等公安核心业务的算法需求，提炼实战模型306个。建立预警预测算法模型统筹统管机制，将全市460个算法纳入统一管理并实行算法验证，提升大数据预警预测的精准性、实效性。以“一本账”牵引常态化星级评定，总结推广好用法、好战法40余项，“关停并转”低效低频应

用98个，强化“数据管家”“系统医生”“场景创客”等角色功能，确保应用场景始终保持生命力、赋能力和贡献力。

（二）制度上强化行动能力

以“科技赋能、精准智控”为目标，围绕实战训练、预警模型、场景应用三个环节，构建“精准赋能、协同高效、闭环运转”的落地行动体系，不断提高警务实战能力，确保关键时刻拉得出、打得赢。**一是常态化练兵提能。**组建专业“蓝警”队伍，在练兵中提升实战化水平，模拟实战条件、突出实战特点，采取“不打招呼、不定时间、不定地点”的方式，常态化开展应急处突“红蓝对抗”实战演练。同时，坚持“一战一总结、一战一复盘、一战一提高”，注重全过程记录、全要素积累，在战后第一时间回溯复盘、查漏补缺，在实战中强化战法，在实战中积累经验，形成案例模板及预案，使指挥中心成为培养懂实战、会指挥，懂分析、会研判，懂技术、会合成，懂管理、会协调的“四懂四会”人才的摇篮和基地。**二是预警模型增能。**围绕“以算力换人力、以智能增效能”，依托华为联合实验室等平台，利用大数据算法加强预警模型建设，发挥警务能力中台的支撑作用，不断产出算法模型，不断提高警务智慧度。**三是应用平台赋能。**建立信息“百科”档案，实现信息、线索统一归仓，人、事、群体统一建档和风险动态评估智能化，收集、研判、流转、反馈流程一体化。针对指令“多头下发、多系统录入”问题，完善风险闭环处置机制，对各个系统平台推送的数据统一归口，实现一个端口录入多系统同步。并且，设置待分析事项模块，由相应的警种开展先期分析，提升“指令、预警、任务、消息”分级分类处置的精准度。

（三）价值上回应基层所想

聚焦提高基层核心战斗力，以智慧警务进一步提升警务工作支撑度。**一是不再单打独斗。**第一时间对全量警情进行“危、高、中、低”风险评估，并实时将风险推送至处警民警手机端，让数据“跑在到达现场之前”；第一时间辅助指挥，依托“湖警智治·芯大脑”实时调取警情周边视频、警力、装备等警务资源，让民警“不是一个人在战斗”。**二是减少重复劳动。**针对基层重复登录、重复录入的问题，整合市级以下74个场景应用，实现“单点登录”，重复采集录入工作量同比减少35%。辅助基层公安反诈工作，迭代易受骗人群感知模型，增加“纠偏模块”，提升了反诈数据精准度，预警劝阻成功率同比上升36.4%，基层工作量同比下降55.3%。**三是避免漏管失控。**支撑基层加强管控，全量汇聚各类“人、车、物”，切实解决基层“手段少、发现难、时效晚”等问题。

芯大脑＋云眼睛＋智手脚

第三节　智慧警务的实践探索与成效

近年来，湖州公安在构建现代警务新体系中，把智慧警务作为提升核心战斗力的“一号工程”，按下智慧警务发展的“加速键”，围绕“智慧处突、智慧打击、智慧治理、智慧服务、智慧保障、智慧赋能”不断探索实践，创新了警务运行机制，提升了警务工作效能，增强了公安机关实战能力，助推了公安工作质量变革、效率变革、动力变革，推动了公安工作高质量跨越式发展，为维护社会稳定，打击违法犯罪，服务人民群众，促进社会治理现代化作出了贡献。

一、智慧处突——以警情多维智能分析系统为例

（一）智慧处突的整体概况

1. 智慧处突的运行架构。

智慧处突是以处置重大突发案（事）件为主要职责，依托各级

合成作战中心实体,统筹各警种部门专业力量和派出所综合指挥室,履行处突风险感知、研判预警、指挥调度、合成作战、现场处置等各项职能。

智慧处突分三级架构运行:市局层面在合成作战中心内部形成**"1+4+9"架构**,在指挥体系上构建"1+4+6"的最小作战单元。区县局层面与市局"1+4+6"最小作战单元岗位架构一致。派出所层面负责规范接收、处置各类突发警情,全力处置在早、在小,按规定及时反馈和报告;规范建设运行派出所综合指挥室,严格落实领导带班、值班备勤、日清日结等制度;合理划分巡区,建立动态勤务运行机制,组建训练轻装 PTU 和最小作战单元;协调对接"四平台",加强政府职能部门联动;依托义警、民间救援队等社会力量,提升现场处置效能。

2. 智慧处突的配套机制。

依托合成作战中心,融合业务流、信息流和管理流,梳理提炼智慧处突通用流程,健全完善工作机制,实现处突工作闭环高效。一是**"双指挥长"机制**。在市、区县两级公安机关合成作战中心设置指挥长岗位,配备"双指挥长"(专兼职指挥长),由本级党委任命,负责协助值班局领导抓好当日工作。遇重大紧急情况,根据局领导授权行使先期指挥处置权。二是**动态勤务部署机制**。以 C4ISR 指挥体系为载体,统筹街面勤务力量,构建"权威指挥、精准防控、联动协同、视讯融合、智能管理”的多维度立体化街面动态勤务部署体系，精准防控社会面各类风险隐患，快速有效处置重大突发案事件。三是**模块化作战机制**。合成作战中心设置接警调度、勤务管理、联勤指挥等12个功能区。各功能区分别建立若干能够独立作战的模块化单元，根据任务性质，组合不同模块形成最小作战单元，常态开展合成作战。每个最小作战单元含指挥、措施等功能区模块，“7×24”小时即时响应，为行动提供支撑服务。四是**处突联勤联动机制**。推进“110”报警服务台、12345政务便民服务热线和141社会综合治理平台双向联动推送数据，动态开展综合分析，形成研判结果，将风险隐患及时推送至乡镇街道进行化解，实现非警务警情的有效分流处置。坚持内外多跨协同，建立部门联席会议制度，信息共享、常态会商、联合预警，强化协同管控。

（二）警情多维智能分析系统

1. 定义内涵。围绕“基层减负、分析研判、快速决策”等需求，打造主动型警务，以**“警情统计、实时要情、风险预警、风险问诊、考核管理、联动联处”**为6大核心任务，通过对警情数据的层层分析和处理，完善实时监测、预警分析等功能，有效推进警源治理工作，推动风险问题层层凸显，警务管理层层受益。

2. 需求分析。警情数据是数据分析的富矿资源，也是紧急案（事）件处置的第一手信息源。以往数据标签不完善，常导致无法精准量化分析，存在“抽屉中的数据”不实用、“警情标签分析”不好用、“海量历史警情”不会用等问题。通过对警情深入分析研判，一是可以剔除无效报警和重复报警，减轻一线接处警民警的负担；二是可以规范重大敏感警情的处置，智能分析警情背后的风险，对紧急案（事）件处置提供支撑；三是对双方当事人涉及不同时间、地域、类别的多起警情进行智能化分析，对重复、多发的警情风险及时预警，从警情源头降低突发性案（事）件的发生。

3. 建设内容。一是延伸拓展6大核心任务，梳理形成“警情标签、警情档案、警情态势、警情预警”等18个子任务，建立15个指标体系，对29类外部数据进行归集治理，打通14个应用场景数据通道，建成湖州警情数据管理的“唯一载体”，并建立全环节服务决策指挥机制，搭建数据驾驶舱，实现警情风险态势一屏展示、管理考核情况一目了然。二是利用机器学习和语义分析技术，对警情数据进行结构化处理，完成警情标签的智能提取，实现警情分析从人工机械向智能多维、层层穿透转变。三是设立警情风险等级，反映单起警情即时危险和紧急程度的综合性指数，协同一体化指挥预警渠道，民警在到达现场前就可以读取该警情的风险指数，预判处警装备、人员力量等能否支撑妥善处理该起警情，形成预警、研判、处置、反馈、评价闭环管理，实现“让数据快跑路，让民警少风险”。四是深度挖掘警情产生关联因素，对非公安责任的关联因素，打通应急联动平台、“12345”热线平台、141平台的推送渠道，建立通报建议盯办、反馈结果评估机制，推动协同处置由事后向事前、零散向整体转变。

4. 建设成效。聚焦人员、空间、时间、环境等警情关联因素，对超过1200万条的警情和4000万条其他业务数据进行结构化治理，建立1个警情数据原始库、4个警情资源库、1个警情主题库，发布17个警情数据资源、390个湖州本地数据标准元，完成8大类788个警情标签的梳理和定义，推动警情智能化分析。该应用在全市推广以来，累计推送内部警情风险预警35万条，重复报警、因处置不当引发的阻碍执行公务案件同比分别下降7.3%、46.2%；推送政法部门风险事件预警5501件、协同化解4993件，化解率达90.8%。

二、智慧打击——以“反诈一哥”应用为例

（一）智慧打击的整体概况

1. 智慧打击的运行架构。

智慧打击以优化组织职能设置和领导指挥关系为核心任务，通过构建市、区县、所三级打击体系，推进智慧打击数字化、规范化、实体化。

（1）研判体系。市局侦查中心研判室组建最强作战单元，集成各专业打击警种研判力量、手段、资源，对全市重特大、疑难复杂、

突发紧急案（事）件的研判工作集中攻坚。县局侦查中心研判室，按照市县一体、分层研判的原则，结合实战需求组建研判团队，全面落实“每案必研”。派出所研判岗，根据“一室两队”建设要求，利用视频侦查、数据综合查询等方式对辖区简单案（事）件开展常态分析研判。

（2）打击体系。按照各类刑事犯罪手段或特征相似、需要运用的侦查资源相似、侦查方法手段相近等原则，对各类犯罪进行科学分类、重组，组建7支侦查战队，按照统一领导、分级负责、各司其职、紧密配合的原则，分类承接侦查打击线索，开展侦查打击工作。

（3）办案体系。市公安局统筹办理市级管辖的刑事案件，筹建一个审讯攻坚办案基地，组建审讯攻坚团队。各区县公安局组建专业化办案队，根据本地发案和目前办案力量实际情况，由刑侦部门牵头协调治安、经侦、环侦、禁毒、出入境等部门，负责办理重大复杂、系列性、跨区域性刑事案件。

（4）反诈体系。组建公安、金融、通信、教育、卫健等部门参与的市级反诈工作专班，工作人员入驻市反诈中心，实体化运行。建强市县两级6个反诈中心，推进反诈接警、预警反制、警企协同、研判打击等标准化、流程化、一体化，广泛开展反诈宣传，扎实开展源头治理，形成党委领导、政府主导、部门主责、行业监管、社会各界广泛参与的局面。

2. 智慧打击的配套机制。

全面重塑统一进口、统一研判、统一出口、分类侦查的“三统一分”新侦查流程，实现侦查打击业务的高效协同。

（1）健全分类侦查打击机制，在大侦查框架内，动态配置专业打击办案力量，围绕 7 支不同类型的专业侦查战队，开展侦研一体化机制建设，加强产品深度经营。

（2）建强专业能力模块机制，按照“传统 + 新型”“继承 + 创新”的要求，加强刑事技术、电子数据取证、数据分析等手段，提升核心战斗力。

（3）完善集中办案机制，推进一体化办案体系建设，建立健全集中办案工作机制，建设执法办案管理中心，科学配置专业化办案队警力，集中组织各类刑事犯罪的一体化、规范化办案，落实重大疑难案件集体讨论，解决审讯难、深挖难问题。

（4）优化信息导侦机制，建立市县（区）所三级导侦网络，整合打击专业研判力量和资源，落实专业力量与打击研判力量相对集中办公，最大限度融合。

（5）建立跨区域打击统一用警机制，在市、县两级侦查中心形成较完整的产品后，设立战时统筹用警指挥部，由分管局领导牵头组织指挥，以主侦警种为主，根据收网对象数量、区域分布以及案件性质等情况，动态配置警力，统一指挥、统一收网。

（6）建立打击、治理、保障一体推进机制，坚持以打促防，及时收集有关防控、治理方面的问题，开展靶向治理，推进打击整治、源头治理、重点管控、防控反制、宣传教育、组织保障等举措，织密社会治安防控网。

（二）“反诈一哥”一体化应用

1. 定义内涵。聚焦“群众咨询、宣传防范、预警劝阻、技术反制、源头治理”五大环节，以打防电诈一体化应用平台为底座，以“浙政钉”“群众服务端（反诈一哥）”为入口，通过智能化风险监测、精确化预警劝阻、实时化技术反制、闭环化源头治理、智能化态势分析、一体化侦查打击、系统化智能监测，形成**“打、防、管、控、宣”**工作闭环。

2. 需求分析。电信网络诈骗案件占当前刑事案件的51.2%，已成为影响群众安全感的突出问题。随着科技信息发展，电信网络违法犯罪由原来大撒网式“盲骗”向大数据“精准诈骗”转化，诈骗种类多达160种，而在防范打击工作中，还存在部门协同合力不够强、宣传不深广、落地不精准、审批流程慢、处置不及时等问题。而且，随着国内形成严打高压态势，诈骗窝点向境外转移，且 70% 以上的电信网络诈骗案件通过不法 App 实施，迷惑性较强、隐蔽性较高，抓金主、铲窝点、打平台难度持续加大。

3. 建设内容。一是规划为先，绘就多元“施工图”。融合阿里巴巴、腾讯等 70 余家公司独有数据及三大运营商、29 家银行、市大数据局等多部门自有数据，形成**“反诈大数据池”**，并建成“一舱三端”：反诈驾驶舱，实时展现反诈情况，精准服务决策；公安治理端，集宣传防范、预警反制、分析研判、部门协作等实战功能；群众服务端，线上线下一体化反诈服务，满足群众咨询、投诉、止损等需求；部门协同端，搭建部门业务协同“中转站”，实现信息第一时间流转、处置、反馈。基于以上数据、技术，创新研发相关应用，全力构建“在线研判、在线分析、在线调证、在线评估”的打防新模式。二是共治为翼，搭建多跨“协同网”。依托浙政钉一体化协同端，搭建一平台推送、多部门响应的反诈多跨协同工作体系。纵向上，市、县、乡镇、社区（网格）四级反诈侦防一体推进、高效协同；横向上，各责任部门、银行金融系统、三大运营商、互联网企业相互贯通、综合集成，畅通信息流转，迅速联动处置，反诈业务流程由单一运转向综合集成迭代。三是机制为基，构筑多链“闭环圈”。**创新推出全国首个反诈地方性标准——反诈指数**，配套建立指数末位“月度约谈、季度表态、年度挂牌”机制，打通反诈工作问政、问责到问效的“最后一公里”，推进整体协同、高效运行、精准服务、科学管理。重点推出**“1 + 300”无诈网格创建行动，启动“无诈单元创建试点”建设**，建立企事业单位、村社网格反诈安全顾问体系，着力以每一个安全顾问“1”的确定性工作，有效应对群众“300”被诈骗的不确定性风险，助力构建共建共治共享的基层社会治理格局。

4. 建设成效。该应用2021年上线以来，全市电信网络诈骗案件的发案数、案损数同比分别下降33.97%、37.86%，下降幅度排名全省前列。荣获浙江省改革突破“铜奖”，全省数改“最佳应用”，浙江省数据开放创新应用大赛公共安全领域第一名。工作做法成效获得了部、省级领导充分肯定，得到中央、省级主流媒体宣传报道，江苏、辽宁等多地人员到湖州考察，学习相关改革的经验。具体而言，反诈能力实现了四个方面的提升：

（1）实现了全量数据深度运用。全面汇集部门（单位）多维数据，通过抽取、清洗、入库、建模等环节，推动以往数据简单量级扩容、存储解析，向深度整合、分析、应用转变，为建立潜在受害人紧急预警、易受骗人员感知、灰黑产识别等模块提供全量数据支撑，极大提升数据服务实战效能。

（2）实现了多跨协同深度共治。打破传统反诈力量物理整合思维定式，厘清部门权责任务，通过浙政钉一体化协同端统一通报信息、流转指令，有效解决部门连接不畅、响应迟缓、力量分散等问题，处置效率由原来4~5小时甚至一天，缩短至5分钟。截至目前，依托多跨协同，各银行主动清理涉诈风险账户31.2万个、拒开新户

5387人次；运营商严格落实境外电话、短信按需开通措施，涉境外号码案件环比下降51.2%。

（3）实现了精准预防深度服务。研发集网上咨询、智能识骗、在线求助、快速止损等功能于一体的“反诈码”，实现风险等级一码动态提醒、防诈知识一键定制推送、存疑信息一秒识别警示、诈骗手段一发多地联防，有效推动事后止损向事前防控转变。

（4）实现了主动出击深度治理。在原打击基础上，依托侦查打击模块，深度分析打击环节，深挖背后利益链条，打击成效实现质的飞跃。严格实行涉案“两卡”集中开户地、开户行红、黄、绿“三色”管控，本地疑似涉案银行账户数环比下降54.3%。

三、智慧治理——以“e企安·365”为例

（一）智慧治理的整体概况

1.智慧治理的运行架构。

智慧治理以“1条治理跑道+14个责任警种+7个区县枢纽+131个基层所队+N个联动部门”为组织架构；以“1防控治理中心+7大要素+1个模块管道+N个场景应用”为工作路径，构建数字化、多元化、实战化的大防控、大治理工作格局。

（1）方法遵循。以“要素归口管、事件部门管”为原则，整合分散在各警种的社会治理职能，破除部门壁垒、数据烟囱，建立风险防范有效运行机制，运用数字化手段及时预测预警预防各类风险，全面构建“全量归集、多维集成、闭环管理”的现代警务治理新模式。

（2）组织框架。以“治理跑道”为统领，14 个责任警种按责任分工及业务需求紧密协作，全市 7 个区县局作为运转枢纽，为 76 个派出所、55 个交警中队共同谋定战略、战术、战法，N 个职能部门协同配合，支撑保障智慧治理顺畅运行。

（3）工作路径。以防控治理中心为底座，将“人、地、事、物、单位、行业、网络”七大要素统一纳管，通过派出所模块 2.0 贯通至基层末端，按需建立应用场景，推进业务流、信息流和管理流深度融合，确保各项治理工作闭环高效。

2. 智慧治理的配套机制。

（1）要素多维汇聚机制。依托“雪亮工程”、智安单位、智安乡村等基础性智慧安防工程建设，对各类治理要素进行汇聚与清洗，并以派出所模块 2.0 为反哺通道动态更新，推动治理要素“跨层级、跨地域、跨系统、跨部门、跨业务”全量归集、全生命周期管理。

（2）算料融合赋能机制。按照提取、清洗、关联、比对、标识等规范流程进行转换处理，处理完成527类196.51亿条核心数据，为基层社会治理提供数据准备、数据增值和数据抽象能力。

（3）场景服务实战机制。以实战需求为导向，以功能叠加为手段，综合集成跨要素、跨应用的基础能力和核心能力，创新研发“风险智控”“青少年护苗”“智慧安保”等场景，为不同领域治理、承接重大任务、解决重大问题提供更多更优的场景应用。

（4）指令闭环管理机制。推动构建市级、区县级防控治理中心，积极贯通派出所“两队一室”、基层治理“四平台”，监测、把控辖区治理业务运转质态、基层所队指令执行、警种部门责任落实，为智慧治理提供实体支撑、机制保障。

（5）需求协同响应机制。始终站稳人民立场、全局立场，坚持发展新时代“枫桥经验”，以“平安之家”“e企安·365”等载体，深耕群防群治阵地，在内部强化各警种、各层级间合成，在外部推动跨职能部门、跨省域市域一体化合作，推动基层社会治理紧密协同。

（二）“e企安·365”

1. 定义内涵。**“e企安·365”，谐音“一起安”，是指在数字化改革背景下，坚持和发展新时代“枫桥经验”，聚焦市场主体，推动企业自治、共治、法治，以高水平安全赋能高质量发展，为促**

进共同富裕、谱写中国式现代化湖州篇章贡献公安力量。“e”代表运用数字化方式赋能治理；“企安”代表公安机关围绕发展和安全主题，立足本职，助力企业发展，“365”则寓意全时空全方位服务保障。

2. 需求分析。产生于20世纪60年代的“枫桥经验”，在实践中不断发展，焕发出勃勃生机。坚持党的群众路线，紧紧依靠人民，“矛盾不上交、平安不出事、服务不缺位”赋予“枫桥经验”新的时代内涵，成为新时代基层治理的重要经验。企业是市场经济的主体，在参与社会治理方面具有得天独厚的作用和优势，湖州公安坚持依靠企业、综合治理、群防群治理念，不断强化企业自我管理、自我教育、自我服务、自我监督，压实企业主体责任，提升企业自治、共治、法治能力，打造人人有责、人人尽责的社会治理共同体，最大限度提升基层治理效能。

3. 建设内容。在建设“e企安·365”的过程中，湖州公安立足枫桥特点、企业特征、湖州特色，探索构建了“六大工作体系”：一是“党政主导、多方参与”的治理架构体系。坚持共建共治共享，建立层级治理架构，不断凝聚企业治理最大公约数。二是“企呼警应、接诉即办”的快速响应体系。把企业呼声作为第一信号，建立完善民意和企业诉求快速响应工作机制。三是“精准供给、直达快享”的政策支撑体系。坚持问题导向、需求导向，以企业需求为重点，提供更广范围的精准支撑，在全市公安机关开展助企帮扶活动，每一位处级干部都联系帮扶一家企业。四是“护企安商、除险保安”的法治护航体系。坚持“以防为主、以打为要、打防治并举”，全域推进除险保安，全生命周期守护企业安全。五是“系统集成、数智赋能”的多跨协同体系。依托“浙警智治·湖州芯大脑”平台，打通基层治理“四平台”与风险智控平台，融通消防执法办案、应急工业企业检查等数据，搭建线上“e企安·365”，实现多跨协同、高效治理。六是“指数引领、双向奔赴”的效能评价体系。建立企业自治力指数场景，广泛开展企业“大体检”，持续激发企业自治原动力。

4. 建设成效。一是平安不出事，让企业更有安全感。聚焦政治安全、经济安全、公共安全、网络安全等重点领域，为企业构筑多重安全防线，最大限度地保护企业合法权益。2023年以来，涉企警情同比下降19%，火灾警情同比下降41%；涉企刑事案件、治安案件数同比分别下降27%、44%。二是服务不缺位，让企业更有幸福感。创新建成6个公安政务服务网办中心，推动问题解决从“一件事”到“一类事”、“某个点”到“整个面”、“单环节”到“全链条”提升，湖州市一窗通办率、一网通办率和通办网点覆盖率均实现100%，群众、企业办事时长缩短30%以上。三是问题不出企，让企业更有责任感。通过建立常态化警企沟通联络等机制，引导企业主动作为、主动履职，有效化解企业自身内部问题、员工矛盾，全市各类企业自行调解内部矛盾纠纷2000多起，自行发现整改安全隐患2100多个，促进企业做到“守土有责、守土尽责”。

“e 企安 · 365”这一创新工作举措也受到了全国各领域专家学者的高度认可。

湖州公安创新形成“e 企安 · 365”工作体系，在推动企业自治、服务企业发展等方面发挥了积极作用，推动企业治理更好融入共同富裕现代化基本单元，值得充分肯定。

——孙永波　中国警察协会副会长

湖州公安“e 企安 · 365”总的来讲，依靠人民，就是依靠企业，依靠职工，相信企业，相信职工，让企业更多地来参与，让他们有更多的安全感、幸福感、责任感、获得感。再好的经验，再好的政策，如果不与日俱进，不紧跟时代的变化，那它是要被淘汰的，这就是继承与创新的关系，创新与发展的关系。“e 企安 · 365”就是继承和创新了“枫桥经验”的光荣传统。

——周咏南　浙江省记协副主席

拿湖州的几个地名来说“e 企安·365”的实践的价值，我们想要“吴兴”，尤其想要“长兴”，这个“兴”就是发展，那么就要牢牢记住“安吉”，平安是最大的吉祥和保障，追求的目标是“德清”，整个社会清清爽爽、清清楚楚，最后就“南浔”了，因为所有的人都要到南方来寻找财富，到这儿来找自己的工作岗位，这就是我理解的湖州几个地名跟“e 企安 · 365”之间的关系。

——白岩松

湖州正在探索的“枫桥经验”企业版具有创新意义，把维护经济秩序纳入维护统治秩序、社会秩序之中，是“枫桥经验”原生基因在新时代的生动体现。

——宋世明　中共中央党校公共管理教研部副主任

湖州“e 企安·365”工作体系实践的最高词频就是服务。服务是优化营商环境的核心，这个服务不仅要给企业家，还要给员工，调动企业和员工的积极性。企业的自治要有员工的参与，自上而下的互动，这样才能实现可持续发展。

——杨雪冬　清华大学社科学院政治学系长聘教授

湖州“e 企安·365”工作体系是“枫桥经验”的升级。20 世纪 60 年代的“枫桥经验”，主要是稳定秩序，而现在湖州的“e 企安·365”已经是促进活力。

——郝铁川　中央全面依法治国办公室高级专家

在中国式现代化进程中，推进有效政府和有为市场的过程中，新时代“枫桥经验”如何有更大的作为，我们看到了湖州“e 企安·365”的探索。

——任勇　华东政法大学政府管理学院院长

怎么来保障企业的经营安全、企业的运行安全、企业人员的安全？做到“e 企安”，从警察和公安机关整体来看，就是要对我们国家的犯罪治理机制作简要总结，就是要进行专项治理和源头治理相结合。织里在全国打造平安治理样本是有条件有基础的，是完全具备潜力的。

——靳高风 中国人民公安大学犯罪学学院院长

四、智慧服务——以“菰城美警·心服务”平台为例

（一）智慧服务的整体概况

1. 智慧服务的运行架构。

智慧服务以公安政务服务（网办）中心为1个核心载体，以“一网通办”“一窗通办”为2大应用场景，以组织体系、系统支撑、运行机制3个一体化建设为实施路径，上线N个改革应用项目，把分散在各警种、各系统、各环节的公安政务服务单元进行系统性整合重塑，形成公安政务服务一体化“123+N”的运行架构。

“1”即公安政务服务（网办）中心。整合治安、交警、出入境、监管、网安等6大警种进驻，归集196项公安政务事项，全要素有机融合贯通，支撑跨警种、跨层级、跨领域的业务协同，打造智能高效的实体化运行平台，目前全市共建有6个政务服务（网办）中心。

“2”即“一网通办”“一窗通办”两大场景。2023年1月10

日在浙里办研发上线“湖警芯服务”应用，在浙里办、支付宝、微信三端同源发布，集成185项公安网办事项、39项户政业务，全程提供公安“一网通办”服务。依托网办中心打造“全科+专科”的“一窗通办”模式，进入网办中心“一扇门”即可办理全量的湖州公安政务服务事项，全市公安各级窗口一窗通办率达100%。在全省首推“为企服务专窗”，以“一窗口、一专员、一链条”，为企业投资创新、引进人才、出入境等提供快批服务。

“3”即组织体系、系统支撑、运行机制3个一体化建设。一是组织体系一体化，搭建完成“6–74–1240”三级政务服务网络，即6个公安政务服务（网办）中心、74个乡镇街道便民服务中心公安窗口和1240个延伸点。二是系统支撑建设一体化，自行研发**“菰城美警·心服务”平台**，建设一个数据舱，依托“公安大脑”打造的一体化主干应用，构建5大智慧板块，市县所全贯通，全流程闭环监管。三是运行机制一体化，制定公安政务服务业务流程制度，规范各中心、窗口和服务网点的运行。全市集成一套设备，兼容全警种业务，窗口多种硬件设备兼容适配，实现人像信息**“一次采集、全警共享、多地复用”**。

“N”即N个重大改革应用项目。**一是“一窗通拍、全域应用”改革。**着眼群众拍照这件“方寸之间”小事，群众可以在全市61个公安窗口免费拍摄符合标准的证件照片，按各自规格存储于“长三角”相片库，同步在浙里办、“湖警芯服务”上架“照片全域通”，可自行下载 12 种规格、3 种底色的电子证件照，“拍照、下载、打印”全部免费，照片在护照、身份证、驾驶证等电子证件照之间共享。同时与市卫健委、市教育局等 73 家政府单位建立协同合作，把电子相片在政务服务、公共服务和社会化服务领域拓展延伸，以 680 个场景“一次采集、多证复用”，人像照片“公安采集、全域应用”。**二是户籍业务“一站数办”**。开通居民身份证申领、补领、换领异地办理，新生儿入户、户口迁移等“跨省通办”，35 类户籍事项“区域通办”，实现长三角区域临时居民身份证跨省通办，身份证丢失、损坏补领（未满两年）全程网办。**三是“交警 E 件办”集成应用。**推行车辆注销、车检等“一件事”改革，群众点击手机端“湖警芯服务”即可足不出户享受“报废企业上门回收、政企联动闭环处理、车辆注销一步到位”的服务。试点推行“为企服务跑团”，探索为企“未诉先办”服务，通过创新研发搭建“易企办”平台，主动碰撞出企业即将到期的各类证件，上门为企业进行“无感办”服务。

2. 智慧服务的配套机制。

围绕“一窗通办”全流程，制定了 10 项规范性机制，分级公示“一窗通办”事项清单，通过机制保障各级公安窗口“一窗通办”的高效运行。创建窗口办件效率、警种办件分析等五类评价指数，实时亮晒窗口排名，推动“一窗通办”在全域范围规范运行。建设一批工单模型，同步探索推出超期预警、建议反馈等 5 类业务工单，在线完成自上而下和自下而上的业务闭环，已对 42 万件办件实时督导，督促“一窗通办”落实落细。

（二）“菰城美警·心服务”平台

1. 定义内涵。“菰城美警·心服务”平台是湖州公安自主创新的一个服务领域场景的重大集成应用，是一个整体智治的管理工具，突出即时感知、科学决策、主动服务、高效运行、智能监管，提升湖州公安线下服务的温暖度、线上服务的智能度、特色服务的精彩度、民生服务的美誉度、闭环管理的掌控度五大“心服务”能力，展现湖州公安服务类数字化应用的成果成效。

2. 需求分析。如今的数字化浪潮，深刻影响着人民群众日常生活方式，方便快捷带给人们更好的生活体验和工作便利。“菰城美警·心服务”平台是在社会服务领域数字化改革、深化公安“放管服”改革的背景下，对照浙江省公安厅服务跑道建设要求，做好全量公安服务业务的数据分析、成效展示和工作管理，提供湖州公安优质数据服务，实现群众办事更省心、网办降碳更绿色、基层减负更高效、警民关系更和谐、服务管理更智能，让广大群众充分享受公安大数据红利，提升公安服务发展、服务群众的水平。

3. 建设内容。搭建“菰城美警·心服务”平台“125”架构，即“1”个驾驶舱、“2”个服务端、“5”个功能模块。

1个驾驶舱：目前“菰城美警·心服务”平台综合集成了28个服务应用系统，汇聚融合了260项服务类数据，舱内集中呈现三大要素、五大板块和五大服务指数。

2个服务端：一个是“湖警芯服务”手机端，服务数据映射在驾驶舱的“在线‘芯’服务”功能板块，把“湖警芯服务”打造成集全量公安办事业务于一体的群众服务端，可以“一点登录，诸事皆可办”。另一个是政务服务屏端，大屏从驾驶舱内的“窗口‘馨’服务”模块和“闭环‘星’服务”模块选取群众关注的、办证管理需要的数据，对外建设一块服务屏，在市县两级网办中心大厅展示。

5个功能模块：按照五大“心服务”维度建设5个模块。一是“一窗通办”（窗口“馨”服务）模块，集中呈现湖州公安政务线下服务的质效。二是“一网通办”（在线“芯”服务）模块，集中呈现所有网办服务事项的质效。三是“一站集成”（特色“新”服务）模块，此模块是创新研发的所有湖州公安服务类数改应用的集成，把现有的特色服务应用和有重大服务需求要新建的应用集中展示。四是“一体响应”（民声“欣”服务）模块，集中呈现回应民意的质效，有“民呼警应”和提案议案办理等内容。五是“一屏管理”（闭环“星”服务）模块，集中呈现全量服务事项的闭环管理情况。

4. 建设成效。2023年1月10日，湖州公安在浙里办App全新推出“湖警芯服务”手机端，深受群众欢迎，群众办事平均时长缩短40%，“一网通办”率达到100%，迈入“随时随地办”的“心服务”时代。一是以便利群众为“圆心”，聚焦民生热点，让办事更省力。坚持“网办掌办为主、自助办为辅、窗口办兜底”的办事流程和原则，在“湖警芯服务”上线全量公安政务服务网办业务和N项不断叠加的自主创新服务，上线率达100%，打造了湖州公安网上办事总门户。二是以民意需求为“半径”，创新特色模块，让办事更省心。坚持用户导向，自主研发一批创新服务模块。“户政家里办”模块，群众通过线上提交材料，线上签名确认，足不出户就可完成39项户政业务一网通办。“走失寻亲”模块，发动全警资源，帮助群众快速找寻走失老人。“11087”模块，在线搭建助企服务平台，为500余家企业提供服务。三是以数智技术为“周长”，突破时空界限，让办事更高效。建设AI智能模块，24小时倾听民意，收到留言诉求建议4.8万余条，第一时间回复或者流转办理。研发模型，开展身份证、驾驶证等证照私人定制的到期提醒服务，各类证照群众企业随用随查，最大限度让数据“多跑路”，群众“少跑腿”甚至“不跑腿”。

五、智慧保障——以“湖州市涉案财物全量智控平台”为例

（一）智慧保障的整体概况

1. 智慧保障的运行架构。

智慧保障是以打造“融合共享、整体协同、高效贯通”为

特点的综合性警务保障体系，聚焦**"执法办案、内部监督、组织人事、财物装备、羁押服务"**五项核心业务，重点开展"五个一"工作。

"一中心"：围绕提升核心战斗力，整合督察、法制、信访、审计四个部门的警务监督资源，融合执法办案、内部监督等业务，打造"职能科学、事权清晰、指挥顺畅、运行高效"的警务监督中心。完善警务监督配套运行机制，做到警务监督事项"统一入口，统一分流、统一部署、统一督办、统一考核"。

"一机制"：研究制定跑道运行机制，出台执法、队伍、监督、后勤、羁押等子跑道相关工作方案，研究制定13个标志性项目，形成"1+5+N"的跑道体系架构。

"一本账"：统筹数字应用建设，明确5个牵引性主干、若干个核心业务，打造一批优秀场景，涉案财物管理处置应用被纳入全省法治系统"一本账"。

"一盘棋"：协同推进跑道事项，完成涉企挂案模块，从而实现涉企预警、展示等相关功能，打造禁毒相关预侦模块。

"一张网"：全量网罗公安法定职权事项，制定权责清单，梳理事项2042项。

2. 智慧保障的配套机制。

（1）完善执法保障机制。深化办案“一件事”集成改革，按期完成模块建设。规范全市执法办案管理中心建设运行，有序推进市级执法办案管理中心建设。优化刑事案件“侦审一体、一办到底”模式构建，高质量完成湖州试点工作。

（2）完善队伍保障机制。以“智慧政工”集成应用为底座，整合或接入“康警在线”“湖警廉芯”等自建应用，完成迭代升级。围绕杭州亚运会、亚残运会安保任务，推进省公安厅“公安大脑”五大驾驶舱（机构编制、干部管理、职业保障、教育训练、“三能”典型励警）在湖州公安落地。

（3）完善监督保障机制。健全涉警举报投诉核查工作机制，承接“浙警智督—投诉核查一件事”应用场景，推进运用举报投诉受理核查平台。推广使用“民警维权一件事”应用场景，迭代升级“民呼警应”系统。

（4）完善后勤保障机制。建成“智慧警保”平台，高质量推进“三心”工程，健全“内部管控”制度。深入推进无人机等新型警用装备配发与应用。

（5）完善羁押保障机制。建立视频巡查机制，完成督导、反馈、考核体系建设。建立在押人员在监所日常管理多维度风险分析模型。搭建非涉案财物管理信息系统并对接执法办案平台，在长兴县公安局试点推进。

（二）湖州市涉案财物全量智控平台

1. 定义内涵。湖州市涉案财物全量智控平台是通过**“拓宽涉案财物一体化保管范围、完善监督保管机制、打造涉案财物处置生态圈”**三项措施，规范湖州全域涉案财物管理处置流程，推进公检法对涉案财物数字化、智能化管理能力，进一步推动涉案财物智慧监管处置工作迭代优化。

2. 需求分析。涉案财物管理以往存在刑事涉案财物监管处置难、行政案件涉案财物以及非涉案财物（主要包括随身物品）监管有盲点、执法办案部门多头协同不畅、涉案财物所有人法定权利保障不到位等问题。因缺乏有效的平台和管理机制，公安、检察院、法院等部门在涉案财物管理方面各自为政，场所自建、分别保管、信息不通、流转不畅、效率低下，造成司法资源浪费。

3. 建设内容。涉案财物全量智控平台主要包括：一个中心，即涉案财物全量智控中心驾驶舱。两端应用，即 PC 端、设备端（主要针对非涉案财物）。三大平台，即刑事、行政、非涉案财物监管处置平台。四维监管，一维是指基础数据在平台进行汇聚；二维是指基础数据经系统自动分析后以统计图表展示；三维是指数字孪生智仓；四维是指在后台数据基础上建立涉案财物生态评估体系，并由系统自动进行评估。

在平台数据上，全部汇入全市刑事涉案财物基础数据，行政涉案财物数据与执法办案系统贯通，包括：行政案件基本信息，《行政处罚决定书》作出的裁决信息，行政案件移送信息，行政涉案财物基本信息，行政涉案财物入库、出库、借调、归还、处置信息。非涉案财物数据来源于办案区暂存嫌疑人随身财物、非办案区嫌疑人暂存的随身财物，其中办案区暂存财物已在执法办案系统录入，完善获取嫌疑人进入、离开办案区的信息，以及财物暂存和领回的信息。

在监管系统中，通过赋分管理、赋色管理、考核排名，保障全量涉案财物规范化监管处置。以基层所队为对象，对刑事涉案财物、行政涉案财物、非涉案财物的管理处置规范程度分别赋分，一键生成研判分析报告，周期比对分析发现问题。其中，刑事涉案财物的赋分指标包括涉案财物及时入库率、及时处置率等数据；行政涉案财物的赋分指标包括涉案财物及时入库率、及时处置率、扣押及时延长率等；非涉案财物的赋分指标包括随身财物入库准确率、随身财物返还率等。

4. 建设成效。“湖州市涉案财物全量智控平台”上线以来，全市公检法部门移交入库物品共计 840 余万件，处置率达 95%；涉案财物网络法拍成交价值 1800 余万元，溢价率 140%，为市、区县两级政法部门节省运维支出约 3600 余万元。该应用项目入选全国政法智能化建设创新案例并参加成果展，被公安部列为“中国涉案财物制度改革”试点项目，获得浙江省数字化改革“法治好应用”，被省公安厅列为省级重点试点项目并发文推广。2023 年 5 月，湖州公安在公安部召开的“全国刑事案件涉案财物处置工作会议”上作经验交流，相关工作获得中央政法委和省市各级领导的肯定。

六、智慧赋能——以德清县莫干派出所“派出所治理小屏”为例

（一）智慧赋能的基本概况

智慧赋能是湖州公安智慧警务的全部要义，包含智慧处突、智慧打击、智慧治理、智慧服务、智慧保障，赋能各项公安工作。派出所是公安机关最基层的实战单元，是整个公安工作的根基。千头万绪的事，说到底是千家万户的事。智慧赋能最典型的表现是公安基础工作与基层社会治理的结合，以数字化、信息化、智能化助推城乡发展和治理模式创新，用智慧赋能基层治理，探索各具特色和内涵的应用场景，做到实战中管用、基层民警爱用、群众感到受用，有效解决基层治理的突出难题，提升公共安全、公共管理和公共服务的效能。

（二）“派出所治理小屏”集成应用

1. 定义内涵。“派出所治理小屏”是依托湖州市公安局“湖警智治·芯大脑”系统迭代升级后在基层一线的实战延伸，以50个素材模型组件及预警模型为研创基础，对全市派出所辖区治安状况和勤务开展场景建设。构建“6+N”总体架构，“6”即设置**“警情态势、防范要素、执法质量、指令闭环、队伍管理、勤务管理”**六大模块，“N”即派出所根据不同场景下的应用需求，通过各内置模块的战力素材库，实现功能组件的个性化自由组装拼接，以“一所一屏”的形式，让“治理小屏”成为“实战指导屏”“战力要素屏”，赋能一线工作，是当前真正立足派出所工作需要，对高频战力的高效集成。

2. 需求分析。2023年，公安部出台《加强新时代公安派出所工作三年行动计划（2023—2025年）》，围绕加强基层组织、基础工作、基本能力建设，部署实施基层提振、基础提质、基本能力提升三大行动和具体项目措施。湖州市公安局、德清县公安局坚持实战导向、围绕基层所需，依托“湖警智治·芯大脑”应用集成化优势，以莫干派出所为试点，探索建设“派出所治理小屏”，解决系统平台多头重复建设与零星分散、各类业务数据缺乏贯通、风险预警感知不够及时、勤务运行闭环体系不够健全等问题，打造**“要素一屏统揽、指令一键直达、勤务全链闭环”**的警务新应用，以一体化集成平台打通派出所工作“最后一公里”，实现基层公安派出所“高频战力”的集成融合，推动一线松绑减负、提能增效。

3. 建设内容。“派出所治理小屏”以市局组件来按需实现“高频战力”的高效集成，汇聚公安大脑建设成果的信息数据，并进行“一屏展示”，本质上属于实战应用的“多屏融合、多端融合”，既避免资金、人力重复浪费，又兼顾每个派出所的动态需求。

（1）警情态势模块。对辖区警情总量、各重点警情设置预警线实时关注，推动辖区治安态势预测更精准。同时，对接处警过程中所产生的问题警情、未结警情、重复警情进行线上智能提醒，并通过一键流转实行全流程跟踪管控，及时推动警情隐患、未结工作的对照检视、整改解决，确保警情处置源头规范、高效妥善。

（2）防范要素模块。按照“派出所主防”职能定位，把辖区的重点事、物等各类基础要素全部纳入小屏“智能提醒办理”，对未化解矛盾纠纷、不安定因素等重点风险实时分析预警、落地跟踪管控处置，让派出所警务人员对辖区内的重点风险关注更清晰。例如，重大安保场景下全维度全时空“实时感知、实时预警、实时提醒”，最大限度实现数字赋能支撑。

（3）执法质量模块。优化执法智慧监督，推动执法微循环，把“案件办理、人员打处、办案时效”等要素全部纳入执法监督环节，通过数字化方式进行执法风险智慧捕捉，自动生成执法体检单，实现每一起案件、每一个执法行为“全要素感知、全环节监管、全智能预警”。

（4）队伍管理模块。把原本分散在“110”平台、信访部门、民意平台等各类渠道的民意诉求进行梳理汇聚、在线分析、跟踪督办，对队伍问题实施分级分类预警，对群众诉求高效回应、队伍问题快速排查整治。

（5）指令闭环模块。从基层高频需求出发，建立统一的“闭环流转”模块，整合省市县三级指令、电诈预警等11类推送数据，实现一系统一次性录入、一次性反馈。指令、预警、消息、请求、任务的完成情况在数据统计中展示，基层民警实时掌控自己的任务进度。

（6）勤务管理模块。能否常态化落实派出所勤务工作闭环，决定了派出所整体工作能否高效运转。对值班在岗、请销假等人员情况进行勤务上屏展示以外，更加注重勤务工作的在线标签化管理，把基层警务运转中的警情问题、执法问题、矛盾纠纷、风险隐患、民生诉求、上级指令等勤务工作，通过“任务钉”点对点指派分流，智能跟踪时限提示、办理进度、办结提醒直至事项办结，确保派出所内每一项工作、每一个问题、每一条预警可量化、可追踪、可考核、可评价。

4. 建设成效。构建“要素一屏感知”新模式，贯通了省市县各级平台，强化派出所实战所需数据集成，精准掌握辖区的矛盾源、风险源、案件源，最短时间、最高效率推动问题解决。构建“指令一键直达”新路径，“一竿子直插一线”，变以往线下传递为屏上智能感知，实现了上级各指令扁平化传递。构建“勤务全链闭环”新机制，畅通内外循环，把工作任务全环节纳入治理小屏的智能提醒，形成从“湖警智治·芯大脑”到派出所“小脑”、再到民警具体勤务的运行闭环，让派出所工作在复杂的治安形势、庞杂的业务数据、潜在的风险隐患面前更加精准高效。

德清县公安局莫干派出所“派出所治理小屏”集成应用①自上线运行以来，共推送风险预警1.9万余条，闭环处置各类任务200余条，通过预警精准处置、化解风险隐患30余起，有效提升了莫干辖区的勤务效能，辖区群众的安全感、满意度排名位列全县第一。

战略能力
组织能力
变革能力

① 详见彩图“莫干数字治理一张图”。

第六章

“美丽警队”的人文内驱

文以载道，文以化人。湖州公安实施“人文警务”，以习近平文化思想为引领，举精神之旗、立精神之柱、建精神家园，守正创新、开放包容，以人为本、以文化人、以美育人，在“美丽警队”建设上凝聚全警的理想信念、价值追求，持续铸魂塑形、凝结力量，打造一支“忠诚、阳光、美丽、和顺”特质的公安铁军，激发全警干事创业的热情，为构建具有湖州辨识度的现代警务新体系，提供思想引领、精神动力、文化条件和基础保障。

第一节　“人文警务”的缘起与发展

习近平总书记指出，“没有先进文化的积极引领，没有人民精神世界的极大丰富，没有民族精神力量的不断增强，一个国家、一个民族不可能屹立于世界民族之林”①。湖州公安开启的“人文警务”，源自湖州地域孕育的优秀传统文化，熔铸于历史传承的湖州公安文化，根植于现代警务新体系改革、“美丽警队”建设的公安工作实践。

一、人文警务的文化渊源

（一）湖州地域文化的熏染

湖州的人文环境丰富，孕育了众多文人墨客，有着“诗画之乡”的美誉，在宋代便有“苏湖熟，天下足”之说。列为“文房四宝”之首的湖笔就产于湖州，钱山漾遗址开启了4000多年的世界养蚕织丝史，被命名为世界丝绸之源，茶圣陆羽在湖州完成了世界首部茶

① 习近平：《论党的宣传思想工作》，中央文献出版社2020年版，第96页。

学巨著《茶经》。湖州历来崇文重教，人才辈出，既哺育了曹不兴、孟郊、赵孟頫、沈家本、吴昌硕、沈尹默等一批名人志士，也吸纳了王羲之、颜真卿、陆羽、苏轼、吴承恩等大家名流，尤其是开宗立派的书画家众多，有**“一部书画史，半部在湖州”**之说。湖州用文墨书写历史，历经数千年演进、嬗变、吸纳、扬弃、提升，形成了丰富的历史元素和精神内涵，积淀形成了许多文化符号，不仅具有浓郁地域色彩，更具有浓厚的中华优秀传统文化价值，是胸怀梦想之人的精神故乡。

湖州虽然是一域江南水乡，但文化血液里却流淌着一份铮铮血性，刚强勇毅一直镌刻在湖州人的骨子里，敢于拼搏，家国天下。湖州开城鼻祖春申君黄歇，以命相抵，凭一己之力救回楚太子。项羽在龙溪港岸、奉胜门前，横戈跃马高呼“彼可取而代也”。出身寒门的陈霸先在梁末侯景之乱时，兴义军，收拾破碎山河。近现代，陈英士曾言“凡有倾覆共和者，我必反对之；拥护共和者，我当扶助之”。“孤胆英雄”钱壮飞用一封电报挽救了党中央、挽救了中国革命。“两弹一星”元勋钱三强、“海空卫士”王伟等都是湖州人。当前，湖州人又以勤劳、智慧和勇敢，矢志不渝地践行“绿水青山就是金山银山”理念，形成了具有鲜明时代特色的生态文化，诠释着“美丽中国”的要义，让这座历久弥新的江南城市绽放着更加耀眼的光芒。

湖州深厚的人文墨香，熏染着城市风采，也熏陶着湖州公安。“人文警务”从湖州地域文化的肥沃土壤中充分汲取营养，深入挖掘湖州历史优秀文化中蕴含的哲学思想、人文精神、价值理念、道德规范，把弘扬优秀传统文化与公安工作的立场、观点、方法结合起来，推动优秀传统文化创造性转化、创新性发展，进一步丰富文化表现形式，充实公安队伍建设底蕴，为新时代现代警务改革注入强大的文化自信、力量源泉。

（二）公安历史文化的传承

公安文化是中国特色社会主义文化的重要组成部分，具有先进性、时代性、职业性等特征，是公安机关的软实力，是公安核心战斗力生成的重要因素，为公安事业发展进步提供强大精神动力。湖州公安文化建设起步较早，经过多年实践探索，先后在公安内部培育出了警营文化、民本文化、法治文化、群英文化、廉政文化、爱警文化、生态文化、团队文化等一系列文化。每一种文化形式都体现了时代特征，每一种文化也都更新了思想观念，启蒙了警务新理念，为警务改革提供了思想基础和精神动力，推动公安工作不断向前发展。21 世纪初，湖州公安对照公安部“三基”工程建设的要求，依据湖州治安实际，谋划实施“三好六有”农村警务新模式，把做农村群众的“好邻居、好伙伴、好朋友”作为工作目标，提出警务室“有场地、有人员、有依托、有重心、有载体、有活力”的“六有”要求，以此全力推进农村警务建设，实现了“农村稳则治安稳、农村安则社会安”。党的十六大后，全国公安机关开展“贯彻十六大，全面建小康，公安怎么办”大讨论活动，湖州公安立足如何护航全面建设小康社会，加快推进社会主义现代化，提出了“服务型”公安理念，实施了一系列有力举措，服务保障了经济社会发展和小康社会建设。2009 年，湖州公安通过解放思想，以更多地用老百姓的眼光来审视和考量社会治安问题、更多地用老百姓的感受来做好公安工作的“两个更多”理念为引领，实施“警务广场”战略，构建民意导向型警务模式，建设人民满意的服务型公安和法治公安，走出了一条公安工作科学发展的新路子。2015 年，湖州公安为加强风险防控工作，提出把“防为主、防为上”作为公安工作和队伍建设的根本方针，最大限度地做到了“少发案、少事故、少伤亡、少损失”。

文运与警运相牵，文脉与警脉相连。在湖州公安发展的历史长河中，一代又一代人生生不息、薪火相传、不懈追求、探索实践，很重要的一个原因就是拥有同一种文化气质，拥有一脉相承的精神追求、精神脉络，属于同一种精神谱系；这种精神通过文化的不断传承发展，推动湖州公安警务理念和实践不断发展进步、迭代。人文警务承载和赓续着湖州公安文化的“集体记忆”和精神命脉。进入新时代，湖州公安以“人文警务”守正创新，以文弘业，以文培元，以文立心，以文铸魂；面向未来，更加需要文化自信、文化自省、文化自觉，把湖州公安文化续写到警务改革创新的历史上，写在奋斗的征程中。

二、“人文警务”的美丽注释

（一）“人文警务”的内涵定义

《周易·贲》记载“观乎人文，以化成天下”①。“人文”在现代汉语中，是指人类文化中的先进部分和核心部分，即先进的价值观及其规范，集中体现重视人、尊重人、关心人、爱护人。简言之，即重视人的文化。湖州公安实施“人文警务”，强调对“人”的关注和理解，培养民（辅）警的人文素养，促进公安队伍素质能力建设，提高警察的职业素养和道德品质，提高民（辅）警对公众需求和问题的敏感性，增强民（辅）警的责任感和使命感。注重团队合作和共同价值观的塑造，促进公安队伍内部沟通协作，提升警务工作效能和效率，增强队伍的凝聚力和向心力，提升公安队伍形象和公信力。

忠诚 阳光 美丽 和顺

“人文警务”，是以习近平新时代中国特色社会主义思想为指导，以习近平文化思想为引领，践行“平常时间能看得出来，关键时刻能冲得出来，危急时刻能豁得出来”的要求，以“湖州大地更美丽、人民生活更美好、公安形象更美誉”为目标，坚持政治建警，以人为本、

① 在深入观察与研究人、人类、人类社会创造的自己所独有的文明基础上，推动文明由天下人共创，文明的成果为天下人所共享，从而保障人、人类、人类社会沿着正确的路径向前发展。

以文化人、以美育人，重视人、尊重人、关心人、爱护人、激励人，锻造一支以“忠诚、阳光、美丽、和顺”为特质的公安铁军，激发全警创新创造活力，为推动公安事业发展提供坚强思想保证、强大精神动力、有利文化条件。

“人文警务”为打造具有辨识度的现代警务新体系提供坚实的队伍基础，对现有的队伍教育管理各种政策、措施、手段、方法进行综合集成梳理，围绕民（辅）警现实需求进行系统性布局，通过文化引领、精神塑造，全面加强民（辅）警思维方式、工作方式、健康生活方式、交流方式和与社会融合方式的工作体系现代化建设，形成一体化推进公安工作的强大合力。

“人文警务”坚持“绿水青山就是金山银山”以及人与自然和谐共生的理念，彰显以人为本和社会治理的人文特征，是“生态警务”“智慧警务”的文化凝练和审美内核，是具有湖州辨识度的现代警务新体系的基础性工程，是推动公安工作高质量发展的重要支点，是满足民（辅）警日益增长的精神文明需求的重要因素，是战胜前进道路上各种风险挑战的力量源泉，更是“美丽警队”建设的强大内驱动力。

（二）“人文警务”的价值内涵

2019 年 5 月 15 日，习近平主席出席亚洲文明对话大会开幕式演讲时指出，“坚持美人之美、美美与共。一切美好的事物都是相通的。人们对美好事物的向往，是任何力量都无法阻挡的”。[①] 无论是一个民族、一家企业，还是一支团队、一个人，文化始终是最具辨识度的DNA，是最深层次的认同，也是最高级的管理，具有强大的历史穿透力、实践创造力和队伍凝聚力；文化始终引领着发展方向、展现着独特禀赋、体现着价值追求。湖州人文警务的价值特征主要包含四个方面：

——永葆“美”的政治本色，让队伍党性更强。毫不动摇坚持党对公安工作的绝对领导，将以抓党建、强党性作为第一要求，铸牢对党忠诚的政治灵魂，不断提高政治判断力、政治领悟力、政治执行力，筑牢忠诚警魂，使队伍理想信念更加坚定，使忠诚干净担当、风清气正的警营生态进一步夯实。

——提升“美”的文化内涵，让队伍活力更足。用美的文化浸润警队灵魂，坚持人民至上，彰显大爱底气，为民服务体现更加充分，强化改革创新、正向激励、争先创优举措，涵养队伍正能量，把文化软实力转化为队伍硬实力，队伍创新创造活力体现更加充分，社会影响力和时代感染力进一步增强。

——营造“美”的环境氛围，让队伍形象更美。坚持以美育人，

---

① 《习近平出席亚洲文明对话大会开幕式并发表主旨演讲》，载《人民日报》2019年5月16日，第1版。

爱警暖警措施更深入人心，基础设施建设与人文景观更加和谐统一，职业保障更趋完善；加强典型塑造引领，放大公安群英现象，扩大公安宣传，“在湖州看见美丽警队”这一品牌进一步擦亮。

——实现“美”的个人价值，让队伍氛围更好。坚持严管厚爱，推进清廉公安建设；“以实绩论英雄”，推进实干争先；深化人才干部培育，提升全警主训实战能力；民（辅）警“快乐工作、幸福生活”，心齐气顺、干事创业的氛围更加浓厚。

三、“人文警务”的发展脉络

2020年11月，湖州市公安局党委首次提出“人文警务”建设，把实施“人文警务”写入《湖州公安发展“十四五”规划》。

2021年4月13日，湖州公安召开政治工作会议暨人文警务建设推进会，提出“人文警务”在“三大警务”中地位重要、作用特殊、不可或缺，要坚持以人为本、以文化人、以美育人，不断提升民（辅）警的荣誉感、归属感、幸福感，为推动湖州公安事业发展提供强有力的思想保证、精神动力和文化支撑。

2022年1月28日，湖州公安召开党史学习教育总结会暨人文警务建设推进会，提出高标准落实《浙江省公安厅关于推进新时代浙江公安文化工程建设的意见》，高质量推进“人文警务”建设，持之以恒打造公安队伍的“忠诚、阳光、美丽、和顺”四大特质，为提升核心战斗力提供坚强的组织保障。

2023年3月3日，湖州公安召开人文警务推进会暨打造最具保障力的队伍管理体系部署会，提出打造最具保障力的队伍管理体系，进一步凸显湖州公安警队“忠诚、阳光、美丽、和顺”四大特质，全力擦亮“在湖州看见美丽警队”品牌。

在人文警务建设推进中，湖州公安制发了《湖州市公安局人文警务建设总体方案（2021—2025年）》、《湖州市公安局2022年度人文警务推进计划》、《最具公信力的法治公安建设体系实施方案》和《最具保障力的队伍管理体系实施方案》。

上述总体方案从战略和全局的高度，对“人文警务”建设作了五年长期规划，是“人文警务”建设的纲领性文件，把公安队伍建设放到公安工作最基础最重要的位置，明确了“人文警务”建设的指导思想、目标任务、工作原则，提出以人为本，重视人、尊重人、关心人、爱护人、激励人，同愿同行、同甘同苦、同心同德、同力同责，打造具有“忠诚、阳光、美丽、和顺”特质的公安队伍。

上述推进计划是人文警务推进实施的操作指南，是对总体方案的细化和补充，对“人文警务”建设具体实施方法和步骤作了规划，围绕阶段性目标、具体任务等方面，以“三能”主题教育实践活动为主线，强化激励机制、约束机制、保障机制三大机制建设，提升队伍组织保障能力，实现队伍的内涵式可持续发展，为各项重大安保任务全赢全胜和各项公安工作提供强有力的队伍保障。

上述两份实施方案是在打造具有湖州辨识度的现代警务新体系中，关于队伍管理的具体实施规范。方案设定：到2023年，队伍管理“1+4+12”（一个体系、四大工程、十二项任务）工作格局构建完成，具有湖州辨识度的队伍管理新体系基本成型；以五大体系为基本架构的法治公安建设体系“四梁八柱”初步形成，最具公信力的法治公安建设体系基本成型，执法办案质量水平进一步提升；到2024年，湖州公安队伍建设水平走在全省公安系统前列，“人文警务”运行机制进一步完善，最具保障力的队伍管理体系、最具公信力的法治公安建设体系不断完善，湖州公安建设水平大幅提升；到2025年，最具保障力的队伍管理体系、最具公信力的法治公安建设体系成熟完善，完成“在湖州看见美丽警队”品牌塑造，“人文警务”成为全省公安队伍建设标杆。

“人文警务”建设的三套文件，科学谋划，整体布局，相互衔接，互为补充，围绕“美丽警队”建设、现代警务新体系改革，从指导思想、目标任务、工作原则、工作方法、实现路径等方面，对“人文警务”建设做了顶层设计，统筹规划各方面、各层次、各要素，推动公安队伍建设科学、有序、健康、持续发展。

第二节　“人文警务”的“三能”基因

2017 年 5 月 19 日，习近平总书记在全国公安系统英雄模范立功集体表彰大会上对公安队伍提出“对党忠诚、服务人民、执法公正、纪律严明”十六字总要求，深刻诠释了公安队伍的政治灵魂、根本宗旨、价值追求和重要保证，是公安机关核心价值所在，也是公安文化的核心内容。2021 年 8 月，浙江省公安厅部署开展深入践行“平常时间能看得出来，关键时刻能冲得出来，危急时刻能豁得出来”的“三能”主题教育实践活动，巩固深化党史学习和队伍教育整顿成果，形成学、思、践、悟“三能”要求的政治自觉、思想自觉和行动自觉，在全警营造筑忠诚、树形象、强担当、讲奉献的浓厚氛围。“三能”要求蕴含于以“十六字总要求”为核心的公安文化中，积淀着公安工作最深层的精神追求，代表着公安机关的精神标识，是湖州公安人文警务的精神之旗、文化内核，砥砺着湖州公安奋勇前行、开创新格局的文化基因。

平常时间能看得出来

关键时刻能冲得出来

危急时刻能豁得出来

一、“三能”落地的湖州标准

习近平总书记强调，“意识形态决定文化前进方向和发展道路”①“意识形态工作是为国家立心、为民族立魂的工作”②。理想信念是魂，是精神支柱。在“人文警务”推进实施过程中，湖州公安一直在思索，如何让人文警务走在正确的道路上，让新时代的湖州公安文化铸注灵魂，使全警在理想信念、价值理念、道德观念上紧紧团结在一起，凝魂聚气，转化为全警的情感认同。2021 年 8 月，浙江省公安厅部署开展了“三能”主题教育实践活动，活动主题思想深入警心，引发热烈反响。湖州公安深刻认识到，“平常时间能看得出来、关键时刻能冲得出来、危急时刻能豁得出来”贯穿于公安工作方方面面，“三能”的实质体现了广大民（辅）警最深层的精神追求，“三能”具有跨越时空的恒久价值和旺盛生命力，对于建设人文警务、高质量推进公安队伍建设、高水平履行新时代公安职责使命具有重大意义。

对此，湖州公安把践行“三能”作为“人文警务”的第一要义，

① 习近平：《习近平谈治国理政》（第 3 卷），外文出版社 2020 年版，第 32 页。

② 《高举中国特色社会主义伟大旗帜　为全面建设社会主义现代化国家而团结奋斗》，载《人民日报》2022 年 10 月 26 日，第 1 版。

高起点谋划、高站位推进、高标准落地，在浙江省率先出台“三能”通用标准，形成以“三能”为精神内核的“人文警务”，支起公安队伍精神之柱，持续铸牢警魂，提升队伍核心战斗力，推进具有湖州辨识度的现代警务新体系建设走深走实，为“美丽警队”建设提供思想引领。

（一）平常时间能看得出来，做一名实干型的人民警察

——看忠诚，让“湖州大地更美丽”。旗帜鲜明讲政治，把政治建警作为公安队伍建设的根本方针，不断提高政治判断力、政治领悟力、政治执行力，坚定不移做“两个确立”的忠诚拥护者、“两个维护”的示范引领者，以忠诚之举护卫美丽新湖州。

——看为民，让“人民生活更美好”。始终坚持以人民为中心，牢固树立宗旨意识，积极开展“惠民惠企十大行动”，回应人民群众的新期待新需要。聚焦“放管服”改革，推动更多公安政务服务事项实现线上“一网通办”、线下“一窗通办”，不断增强人民群众的获得感、幸福感、安全感。

——看形象，让“公安形象更美誉”。严格规范公正文明执法，始终树立克己奉公、无私奉献的良好形象。大力培育“忠诚、阳光、美丽、和顺”的公安队伍特质，深入培育选树“四星”“三能”民警和“三能”警队，不断壮大湖州公安“群英现象”。

（二）关键时刻能冲得出来，做一名担当型的人民警察

——勇担当，做善作善成的“耕耘者”。坚持围绕中心、服务大局，忠诚谋事、务实干事、和顺共事，以精益求精的工匠精神、舍我其谁的英勇气概，全力以赴防风险、战疫情、保安全、护稳定、促发展，确保政治安全、社会安定、人民安宁，为建设绿色低碳共富社会主义现代化新湖州保驾护航。

——勇变革，做敢为人先的“奔跑者”。鼓足勇气，创新破难，不断增强战略能力、组织能力和变革能力，全面提升核心战斗力。对标“市县主战、派出所主防、全警主训”职能定位，聚焦体系构建，坚持技术、机制、体制“三轮驱动”，努力把“芯大脑 + 云眼睛 + 智手脚”打造成为湖州现代警务新体系的最佳呈现，实现变革重塑。

——勇争先，做示范先行的“奋斗者”。坚持“目标引领、差距管理、过程控制、考核激励、以实绩论英雄”理念，冲锋在前，实干争先，聚力建设“生态警务”“智慧警务”“人文警务”，打造“在湖州看见美丽警队”公安品牌，打响“在湖州看见美丽中国”城市品牌，在加快打造“六个新湖州”、高水平建设生态文明典范城市上示范先行。

（三）危急时刻能豁得出来，做一名先锋型的人民警察

——敢拼搏，始终保持一马当先。在党和人民需要时刻，在抗

击疫情、抢险救灾、应急处突等重大任务、重大考验面前，不图个人名利，不计个人得失，临危不惧，在困难中逆行，在考验中奋进，顽强拼搏，誓夺最后胜利。

——敢斗争，始终保持一身正气。坚持以党性立身做事，坚决彻底肃清流毒影响，面对错误思潮、错误言论，坚决抵制，坚决反击。在大是大非面前敢于鲜明亮剑，在矛盾冲突面前敢于迎难而上，在歪风邪气面前敢于坚决斗争。

——敢牺牲，始终保持一往无前。积极投身公安事业，忠于党和人民，在执行党组织分派特殊任务的紧急时刻，在党和国家、人民群众的利益受到严重威胁的危急关头，挺身而出、敢为勇为，随时准备为党和人民牺牲一切。

二、“三能”涵育的精神家园

“求木之长者，必固其根本；欲流之远者，必浚其泉源。”[①] 价值追求、战略目标、计划方案确定后，需要一支能实现目标、完成使命的队伍，如何让队伍具备“忠诚、阳光、美丽、和顺”四种特质，承担现代警务体系改革的重任？湖州公安清醒地认识到，“人文警务”建设不仅需要“三能”铸魂，还需要强基固本。对此，把“三能”要求融入日常工作，着力打造了**6个根据地**，构筑起新时代湖州公

① （唐）魏徵：《谏太宗十思疏》。

安人文的精神家园，让民（辅）警依靠精神家园浸润滋养，潜移默化，繁育生长，凝结力量。

（一）建好政治培根地

1. 重学习，增强思想源力。政治上的坚定源于理论上的清醒。湖州市公安局党委理论学习中心组严格落实“第一议题”制度，第一时间跟进学习习近平总书记最新重要讲话和重要指示批示精神，并创新“周一夜学”形式，每次随机抽取中层干部进行“提问式”发言，连续9年获评湖州市优秀党委理论学习中心组以及全省“学习强国”的“学习之星”先进集体等称号。各级党组织依托“学习强国”“云课堂”等平台，结合“机关学习日”、主题党日、“三会一课”等载体，开展理论学习千余次，持续增强全警政治理论水平，筑牢全警信仰、补足精神之钙、把稳思想之舵。

2. 重党建，增强忠诚定力。持续深化湖州公安“菰城美警365”党建品牌建设，扎实推进“一支部一特色”创建工作，精心打造了152个支部党建品牌。每年开展“最强党支部”“最红党支书”“最美党员”的评选，湖州公安全市80%的党支部完成达标，11个支部被评为市级特色示范支部。构建“4+N”的“三能”主题教育阵地，在全市建成“三能”教育基地8个、基层示范点18个，优秀民（辅）警工作室22个，“三能”服务品牌12个。湖州市公安局建成面积1100平方米的“三能”主题馆暨融媒体中心。打造湖州公安

LOGO文创产品，建设警察展览馆、警察书屋、文化长廊、文体俱乐部等阵地，定期开展文化大讲堂、专题学习会、签名读书会等活动，连续九年举办“向党和人民报告”晚会、每年一次“中国人民警察节”活动、两年一次“警察文化节”，打造《看见》栏目公安行动版，建立湖州公安**“闻风而动、接诉即办、民呼警应”民意诉求办理机制**。

3. 重示范，增强模范引力。每季度开展**“对党忠诚之星、服务人民之星、执法公正之星、纪律严明之星”“四星”民警评创活动**，建立15个“四星”工作室，先后有1255名民警获得星级评号，在党员发展、立功受奖、干部提拔方面倾斜。以沈云如、陈建如、陈飞等先进典型为引领，持续开展“陈建如、沈云如”式优秀民警、“四星”民警等宣传推选活动，打造湖州“最美群像”，在湖州市公安局警史馆打造英模墙，展示英模先进的事迹风采。完善先进典型发掘、宣传、表彰、弘扬、培育“五位一体”培树机制，建立先进典型培育库，全面锻造“目标特别明、思路特别清、工作特别拼、能量特别强、韧劲特别足”五种特质的优秀团队和个人，通过典型“传帮带”，把更多的民（辅）警转化为自燃型人才。

（二）建好清廉常驻地

1. 党风廉政压实责任。全面落实从严管党治警主体责任，持续深化“四责协同”机制建设，认真履行“一岗双责”，严格落实层级管理，为新时代使命任务提供坚强的组织保证。优化完善“1+6+N”的公安大监督工作格局，推进常态化、全方位的监督，优化力量资源配置，多元融合各警种部门监督管理职能，形成责任明晰、履职尽责、问责有力的责任落实体系。强化廉政警示教育，依托廉政教育基地，每月开展“廉政教育日”警示教育活动，年度评选出10家“清廉标杆单位”。“清廉所队”“清廉机关”占湖州公安基层所队、机关部门总数的75%以上，湖州市公安局交警支队车管所被评为“全国一等车管所”、湖州市清廉建设基层成绩突出单位。

2. 从严治警雷霆霹雳。坚持严就要严到心惊肉跳。以“早提醒、早预防、早纠正”为原则，前移监督关口，聚焦酒风、会风、作风三个“小切口”，每周对全警落实公安部“六项规定”情况进行抽查不少于1次，建立市公安局党委班子每月带班督导、高级警官派出督导、重大安保活动驻点督察等“3+X”督导等机制，深入开展队伍风险隐患排查整治，年均常态化开展网上巡查督察3.6万余次，严格整肃监督执纪“宽松软”、纪律作风“稀拉松”、内务卫生“脏乱差”等问题，并精准有效用好“四种形态”，做到震慑常在。强化执纪问责，探索建立“红黄蓝”三色队伍违法违纪预警防控测评考核机制，做到有案必查、有腐必惩，进一步形成全面从严治警的浓厚氛围。

3. “湖警廉芯”防范风险。以研发“湖警廉芯”应用系统为切口，探索“制度 + 科技”的新型监督管理模式，搭建“123N”整体框架，聚焦内部管理“薄弱点”、权力运行“关键点”、日常监督“忽略点”，创建风险评估和态势分析模型，进行队伍风险隐患动态“排雷”，做到“风险”集成闭环管理，该应用评为湖州市“双创双建、实干争先”典型案例。深化“11087·亲清在湖州”为企服务品牌，搭建线上线下一体化“11087”为企服务矩阵，出台“安企发展、助企纾困”15条举措，严格落实“亲”“清”警商交往正负面清单，严明警商交往的法度、尺度，推动警商交往亲而有度、清而有为，涉企服务满意率达100%。发挥贤内助、廉内助在8小时以外的监督管理作用，在全警树立正确的审美价值观念。

（三）建好法治公信地

1. 正向激励，完备执法制度体系。把法治公安建设列为2023年“一号争先战役”，打造最具公信力的法治公安建设体系，把准法治改革方向、补齐执法突出短板，出台《关于加强所队法制员队伍建设的意见》《关于全面深化执法规范化建设十项机制的意见》《关于全面加强和改进基层法治公安建设的指导意见》《县级公安机关主要负责人履行推进法治建设第一责任人职责“十条”》等一系列制度文件，健全执法制度体系。基层公安主要负责人带头学法守法用法，自觉运用法治思维和法治方式解决问题，中层领导办案任务完成率不低于98%。纠正打击就是拘捕的观念，在浙江省首创强制措施积分制，对犯罪嫌疑人综合情况进行评分，提升执法规范化水平，提高刑事拘留转捕率。每年开展执法规范化“三十佳”评选，激发执法主体原动力、内驱力和创造力。

2. 负面清单，严格执法责任监督。建设市级“未来执法办案管理‘芯’中心”，构建完善“湖州市公安局警务监督中心 + 县局巡查中心 + 所队案管室”三级网上巡查架构，加强对执法源头、办案进程、数字化办案和日常执法情况监督巡查。建立执法状况白皮书机制，明晰执法岗位权责清单，加强落实负面清单情况考核，纳入执法质量考评，压实警种“既抓执法办案、又抓执法监督”的主体责任，落实防止干预司法“三个规定”，及时发现督促整改问题。迭代升级涉案财物管理处置一件事，深度应用推广网络法拍系统平台，打造湖州公安执法品牌。**建立全域执法生态评估机制，推出全省首个“执法生态指数”，建设全域执法生态评估“芯链”平台，**搭建执法生态链、执法监督链、执法数据链、执法服务链、执法责任链，实现执法服务网上办、执法问题网上查、执法整改网上督、执法生态网上判、执法责任网上链。深化“教科书式执法”实践活动机制，提供执法操作指引，规范民警执法行为，规避执法风险，**形成有湖州特色的“教科书式执法”体系**。

3. 执法合作，实现执法效果统一。法安天下、德润人心。改进执法理念，优化执法方式，注重执法谦抑、以理服人，全面推进柔性执法，把打击犯罪同保障人权、追求效率同实现公正、执法目的同执法形式进行有机统一，建立实施轻微违法行为减责免罚清单、细化行政处罚裁量基准，人民群众对公安工作满意度进一步提升。建立公安机关与检察院、法院协同高效的执法合作机制，检察部门入驻公安机关执法办案管理中心，联合出台《明确刑事诉讼衔接中有关问题的意见》《关于办理跨境赌博案件适用法律若干问题的会议纪要》等一系列规范，有效提高执法办案效率。加强与检察院、法院和律师事务所沟通合作，旗帜鲜明地维护法律尊严，理直气壮地为民（辅）警依法履职撑腰打气，维护民（辅）警执法权威，让基层民（辅）警“敢担当”“善作为”。

（四）建好能力激发地

1. 突出政治练兵。紧紧围绕学习贯彻习近平新时代中国特色社会主义思想，全员发动、全警学习，强化理论武装，连续开办专题政治轮训，把“政治能力提升、政治思维锻炼、政治意识养成”贯穿轮训全过程，聘请知名专家授课指导，深化对党的创新理论的认识。把党的二十大精神、习近平生态文明思想、“八八战略”等党性精品课程，在市警校日常课程设置不少于20%，组织党员干部和民警到嘉兴南湖、安吉余村、新四军苏浙军区纪念馆等红色教育基地参观学习，全面加强理想信念教育，弘扬党的实践精神、传承党的红色基因。依托“学习强国”“浙里干部之家”等网络学习平台开展自学，每月对使用率和活跃度进行亮晒，培养时时学、处处学的良好习惯。利用周一夜学、实地观学、网络竞学、读书沙龙等，打造“领学＋研学”“集中学＋个人学”“线下＋线上”“支部书记＋理论骨干＋青年民警”的“4+”学习模式，提升政治练兵的针对性和实效性，锻造对党绝对忠诚的政治品格。

2. 突出实战育人。秉持“主战主防缺什么，主训就训什么”的理念，把教学与实战紧密融合，建立“训练基地 + 送教上门 + 在线课堂”三位一体模式，健全“一线吹哨、教官报到”机制，突出“实兵、实情、实景”，把训练课堂搬进实战一线，开展警务技战术、实战技能、战时心理服务一线送教，提高民（辅）警查控、防护及心理抗压能力，在实战中训练磨砺队伍。把实战要求搬进课堂，出台《全警实战大练兵“十个严格”训练措施》，按照实战化要求，加强民警体能训练硬核要求，体能不合格的不得评先评优、警衔晋升。开展“红蓝对抗”实战训练，注重执法安全培训，增强民警业务能力、实战技能和警体素质，提高单兵作战能力、整体作战实力和安全防范意识技能。

3. 突出能力保障。以“保五争三拼第一”为目标，常态化开展以民警、教官、辅警三大比武为主体，以其他专项比武为补充，形成具有湖州特色的“3+X”练兵比武模式，确保网警、经侦、禁毒、警保等多个警种在全国全省比武中榜上有名。着眼“小而精、聚而强、美而暖”，开展“一所一队一教官”扩容工程，完善“教、学、练、战、考、赛”为一体的教育训练体系，迭代完善“责任、考核、激励、反馈、保障”等五项机制。加强与省内外公安院校、地方高校的联盟共建，深耕“英模带教”“三师带徒”“辅警学院”等做法，采用“线上 + 线下”学习方式，打造湖州公安教育训练金名片。紧盯人工智能、大数据等新技术在公安各领域的应用，开展科技信息化练兵，提升全警数字化应用能力水平。组织新录用人民警察岗前集中训练，形成1个月在警校理论学习、3个月在基层所队业务岗位的“1+3”集训练兵模式，系好新警从警的第一颗纽扣。建设集教学、作战指挥、执法办案管理、综合训练、生活、保障和监管警示7个区块为主体的具有湖州辨识度的警务技能训练基地，加强教育训练硬件物质保障，全方位提升民（辅）警能力素质。

（五）建好暖警幸福地

1. 打造“三心工程”。坚持爱就要爱到意想不到。全面开展“爱心早餐”“暖心被窝”“安心警营”三心工程，紧贴基层需求，提高基层所队食堂的配置标准，提供高质量的早餐服务，建立“湖州市公安局特色早餐名录”，让大家“想吃这个点心就找这个所队”。在基层所队“一人一房、一人一床”的基础上，购置安装空调、洗衣机，确保每人冷暖两套以上床上用品，有洗浴、洗衣、晾晒的场地与设施，让民（辅）警在警营内不但吃得饱、吃得好，也要睡得暖、睡得香，让每一个民（辅）警都享受到优待政策，使基层民（辅）警身有所安、心有所依，全面营造“快乐工作、幸福生活”的良好氛围。

2. 推行“康警在线”。建设“康警在线”民（辅）警健康全周期管理系统，对湖州市1.1万余名民（辅）警的健康进行“画像”，以“红橙绿”三色亮灯模式制订干预计划，督促各相关民（辅）警开展运动、健康饮食、及时就诊。建立10个健康管理中心，121个健康角，“早发现、早干预、早治疗”，对患病民（辅）警定期评估分析，对长期处于高风险的民（辅）警，安排岗位调整、休整治疗。推出弹性休息制度，连续两天加班超过晚上 12 点的，必须强制休息，年均为 5500 余人次安排弹性休息，最大限度保护民（辅）警身体健康。深化警医合作，畅通杭州三甲以上医院就医“绿色”通道，定期邀请健康专家走进警营，开展系列健康讲座。针对民（辅）警年度体检、心理健康、大病救助等健康问题精准施策，对因公伤亡民（辅）警及其家属，第一时间慰问抚恤、帮扶救助。湖州市公安局开设 24 小时“爱警热线——2251788”（谐音“按按我一起帮帮”），通过组建“爱警帮帮团”，帮助解决民（辅）警战时而提出的紧急诉求，热线聚焦民（辅）警心理服务、家政服务、子女托管、快速就医等，实行“接诉即办”，最大限度、最优政策、最快速度帮助解决民（辅）警实际困难，让“有困难找组织”成为民（辅）警的第一选择。

3. 建设“警宝乐园”。开展民（辅）警子女夏令营活动，挂牌成立湖州市公安局警宝乐园，开设“战时警托”班，并制定下发《运行办法》《日常使用规定》等配套文件，在战时抽调专人值守，让“警宝们”在战时接受专人照料，全方位保障托管服务质量，为 1000 多个民（辅）警家庭解决了“后顾之忧”。常态化开展家访慰问工作，慰问走访做到“三个一律”（对因公负伤、生病住院的一律到院慰问；对结婚、当年退休的一律到家慰问；对重要节假日、执行特殊任务的一律到岗慰问），党的二十大安保前夕对 4132 名民（辅）警及家属走访慰问，杭州亚运会安保前夕分级分类对 9344 人次开展谈心家访工作，实现一线参战警力全覆盖。坚持开展每月送奖上门活动，把组织的关怀与鼓励传达到一线，报喜到家。湖州市公安局党委班子成员带头，在各层级建立家属群，不定期分享工作动态，帮助解决实际问题130余件，解决43名民警与家属异地分居问题。

湖州公安注重给基层民警减负，推进派出所非紧急非警务警情分流，创新打造12345与110互联互通，全面优化警务服务供给体系，建立健全双非流转、日常联动、应急联动、会商协作、协同处置等工作机制，全市非紧急非警务警情分流率达49.6%。同时，争取党委政府对公安民警的政治关爱、待遇保障、子女教育优待等方面予以政策倾斜，建立湖州公安“爱警基金”和公安民警互助金制度，加强与中华慈善总会、中国红十字会、社会保险等机构合作，加大与人社、财政、民政、教育等部门合作，建立健全相关保障机制，落实民（辅）警政治和福利待遇，让民（辅）警在旅游、疗养、优秀警属入学等方面获得更多实惠，形成多渠道、全方位的爱警暖警举措，营造心齐气顺、拴心留人的良好氛围。

（六）建好人才聚集地

1. 深化人才培育。华为总裁任正非曾言，“华为储备人才，不储备美元，优秀人才都可以进来”。功以才成，人才是强国之本。湖州公安秉持“聚天下英才而用之”的理念，把各方面优秀人才聚集到公安事业上来，打造公安人才高地。搭建年轻干部成长平台，在警校开设湖州市政法系统年轻干部成长学堂，促进湖州市政法青年的交流成长。出台《湖州公安机关人才发展规划》，制定了年轻干部“126”结构化警校培养办法，开展优秀年轻民警、信息化人才、“笔杆子”、优秀辅警跟踪培养，研究动态化、标签化跟踪管理人才成长应用场景。健全专业队伍选树机制，组织开展“笔杆子”“数据分析师”后备人才选树，30 人入选“笔杆子”人才库，40 人被评定为首批“数据分析师”。建设共青团联合分战队，建成湖州市公安局大院“青年之家”，开展“金点子”变“金果子”工程。

2. 建设人才梯队。打造公安人才队伍梯次结构，全力推进“四十”工程建设，稳步开展“50”强基、“40”奋进、“30”扛旗、“20”起航工程①，推动全市百余名老同志到基层支援工作，选派 3 名“90 后”优秀年轻民警到织里公安分局任局长助理兼副所长，90 余名区县局机关民警主动要求到最艰苦的基层实践锻炼、锤炼成长，先后提拔 12 名优秀“90 后”年轻民警至科级领导职位，市本级 35 岁及以下科级领导干部占比提高至 15.2%，进一步激发了全警各年龄段创造性张力，为湖州公安事业发展充能蓄势。

3. 重视辅警培养。辅警是公安机关的一支重要力量，湖州市公安局专门成立辅警管理处，积极参与全省公安辅警立法工作调研，制定出台《湖州市公安机关警务辅助人员管理规定（试行）》，以

① “50”强基工程是指选派 50 周岁以上的市局机关民警支持基层一线工作；“40”奋进、“30”扛旗工程是指定期选派副科领导到基层一线艰苦复杂岗位挂职锻炼，建设后备干部梯队，组织开展优秀民警人才库建设；“20”起航工程是指落实 20 周岁以上年轻民警成长培养机制，多岗位轮训以快速适应工作。

“选、培、练”为重点环节，从辅警招录、培养、管理等方面精准发力，把好的人才选出来、用起来、围绕辅警日常行为养成和作风建设，开展高标准的内务训练，以及辅警职业素养、文明礼仪、警务技能等培训，提升辅警职业素质和业务能力。制定《警务辅助人员层级化管理实施办法》《警务辅助人员管理工作联席会议制度》，对全市6889名辅警首次层级评定，严格辅警层级升降标准和程序，每季度召开一次辅警工作例会，研究解决辅警队伍中的问题，确保辅警管理法治化、规范化，打造一支作风优良、素质过硬的辅警队伍。

湖州公安通过打造6个根据地，厚植公安文化根基、弘扬公安人文优势，正向激励、改革创新、争先创优，为民服务、公正执法、典型引领、和谐奋进、团结有为、清正廉洁，发挥“人文警务”潜移默化的作用，重视人、尊重人、关心人、爱护人、激励人，把广大民（辅）警的道德信念、职业意识、价值标准和行为方式引导到对公安事业的追求上来，营造了“同愿同行、同甘同苦、同心同德、同力同责”的浓厚氛围，走向“以文化人、以美育人”的至高境界。

………………

爱心早餐
暖心被窝
安心警营

………………

第三节　看见公安队伍蝶变之美

习近平主席指出，人民是历史的创造者，人民是真正的英雄。波澜壮阔的中华民族发展史是中国人民书写的！博大精深的中华文明是中国人民创造的！历久弥新的中华民族精神是中国人民培育的！[①] 文化产生于人类的活动，人既是文化的创造者、实践者，也是文化的受众者、发展者，人是文化的剧中人，剧是人化成的文化。这些年，湖州公安始终围绕“人”这一核心要素，通过“人文警务”建设，以文化人、以美育人，全警的思想观念、行为方式发生了根本转变，队伍精神风貌焕然一新，体现了“人文警务”的感染力、塑造力。全警通过“人文警务”建设，改造了自身，以人化文，以人赋美，在构建具有湖州辨识度的现代警务体系改革的实践探索中，不断呈现出“忠诚、阳光、美丽、和顺”的鲜明特质，让“美丽警队”成为现实。

---

① 参见习近平：《论坚持人民当家作主》，中央文献出版社 2021 年版，第 232~233 页。

一、看见“忠诚”的魂之美

习近平总书记强调：忠诚必须体现到对党的信仰的忠诚上，体现到对党组织的忠诚上，体现到对党的理论和路线方针政策的忠诚上。对党忠诚必须始于足下。如果连本职工作都没做好，不担当不作为，把党组织交给的“责任田”撂荒了甚至弄丢了，那就根本谈不上“两个维护”！[①]公安机关是人民民主专政的重要工具，是党和人民手中的“刀把子”，公安姓党是公安机关的根本政治属性，是公安队伍永远不变的根和魂，对党忠诚不是一句空洞的口号，不是停留在口头上，而要落实在行动中。

沈云如，长兴县公安局虹星桥派出所民警，1984 年 10 月参军入伍，作为空军飞行员坚守边疆 17 年，先后参与边防巡逻、运送物资、抢险救灾等重大活动，维护国家安全稳定。2000 年转业后，不忘初心使命，默默扎根基层派出所 20 年，在平凡的户籍岗位上，践行全心全意为人民服务的宗旨。他时常说，“作为一名共产党员，一名穿上了警服的民警，见不得老百姓受苦，无户口人员也不例外”。有一次，他在村里巡访时遇到了王林（化名），王林 19 岁从贵州远嫁到长兴，30 多年来都没有身份证，找工作没人要，生病进不了大医院，丈夫去世后，家里母子俩生活更加艰难，住着两间简陋平房，平时在村里打零工维持生计。沈云如把这件事记在本子上，从此踏

① 参见中共中央党史和文献研究院编：《十九大以来重要文献选编》（中），中央文献出版社 2021 年版，第 142 页。

上了为村民寻找身份的漫长之路，整整5个月，通过走访调查、信息采集，上万字的调查证据和笔录，让王林拿到了生平第一张身份证找到了工作。之后，沈云如在2年内又辗转17个省市，给38名无户口人员圆了梦，忠诚践行了习近平总书记“全面建成小康社会，一个也不能少”[①]的谆谆嘱托。沈云如患有多种病症，但坚持上门服务群众700余次，发动社会力量成立160余人的“沈云如志愿服务队”，先后帮助171个家庭实现心愿，“一个都不能少”志愿服务项目被中央宣传部、中央文明办评为最佳志愿服务项目，他还依托志愿服务队开展就业指导推荐、种植养殖专业培训、农产品销售等帮扶服务，累计为辖区村民增收70余万元。**沈云如获评全国公安系统二级英雄模范、全国法治人物、全国最美基层民警、浙江骄傲、浙江省最美公务员、浙江省优秀共产党员等荣誉称号。**

陈建如，织里公安分局织东派出所轧村警务站站长，2010年从部队转业，主动要求到治安形势最复杂、警务工作最繁重的社区中工作，干一行、爱一行、钻一行。他的办公桌上，永远摆着“真心实意为群众办实事、力所能及为群众做好事、想方设法为群众解难事”三句话。他辖区的转业干部和退役军人比较多，当“老战友”们生活不如意时，他总是主动关心、沟通交流、嘘寒问暖，细如发丝地做好“老战友”们的思想工作，尽心尽力帮助解决困难。他在警务站组建“老兵驿站”，以点滴小行动守护辖区大平安，成了退伍老兵们共同的精神家园，他的辖区也实现了“由乱到治”，成了基层

① 习近平：《习近平谈治国理政》（第3卷），外文出版社2020年版，第66页。

治理的样板典型，辖区老百姓亲切地称他为“老兵警长”。**陈建如获评全国公安系统二级英雄模范、全国抗击新冠肺炎疫情先进个人、全国模范退役军人、浙江省优秀共产党员、浙江省最美政法人等荣誉称号。**

张列行，长兴县公安局副局长，他2004年参加工作，从基层派出所干起，不畏艰险、冲锋在前，开展扫黑除恶专项斗争，带领队伍打击团伙88个556人，破案428起，打掉黑社会性质组织3个，成功破获省督案件4起、市督案件6起，3年打击成效均居湖州市第一。他重拳出击“车贷”领域犯罪，侦破“两池”为首的长兴历史上首起黑社会性质组织案件，在全国率先撕开打击“车贷”的口子，为全国打击“套路贷”犯罪提供经验。他通过开展铁拳系列行动，彻底铲除长期盘踞在农村的赌博犯罪团伙。严打招投标领域的欺霸乱象，打掉了盘踞在湖州20年之久的涉黑恶团伙。他面对黑恶势力利用人脉重金托请，或公然叫嚣生死威胁，甚至从境外买凶报复，毫不动摇，越战越勇。**张列行获评全国公安系统二级英雄模范、浙江省担当作为好干部、浙江好人、省公安厅“三能榜样·最美浙警”等荣誉称号。**

二、看见“阳光”的神之美

公安机关是公平正义的化身，阳光是公安机关的固有属性。体现在信念上，是坚定如磐、剑胆琴心、坚毅勇敢、敢于斗争、敢于牺牲；体现在风貌上，是阳光活力、乐观友善、积极向上，传播正能量；体现在执法上，是严格公正、规范文明、公平公开，权力在阳光下运行；体现在打击上，是嫉恶如仇、雷霆万钧、涤荡污浊，让违法犯罪无所遁形。

李小荣，德清县公安局乾元派出所所长，2021 年 2 月 12 日，大年初一，他在忙完工作后和妻子回母亲家吃饭，驾车行至一路段桥头等红灯时，忽然听到有人在大声呼喊，发现在冰冷湍急的河水中，一位妇女正在上下浮沉、拼命挣扎。在危急关头，他来不及多想，果断下车跳入冰冷的河中，奋力抓住落水妇女。冰冷的河水让他的肩周炎疼痛难忍，湿透的棉衣又格外沉重，但他绝不放弃，拼命把妇女向上托举。在把落水妇女救上岸，得知该妇女的身体无大碍后，他和妻子默默离开了现场。后来被救妇女找到他，他说“在任何时间任何地点，遇到群众有紧急情况必须出手援助，这是警务人员的职责，也是使命”，有力诠释了危急关头豁得出来的“三能”要义。**李小荣获评全国优秀人民警察、省公安厅“三能榜样·最美浙警”、最美湖州人等荣誉称号。**

杨美怡，吴兴区公安分局龙泉派出所民警，2001 年参加工作，扎根基层派出所，在高校警务站工作的 8 年中，多方位采集基础数据，创新建成“公安高校网上服务大厅”，服务了高校 3.5 万名师生，提升了高校安全共治能力。她组建了一支由 481 名学生、30 名老师参与的反诈志愿者服务队，培训防骗专业知识，通过微信、微博、QQ 等开展防诈宣传，校园防诈宣传率覆盖 100%，高校辖区发案同比下降 8.57%。她耐心细致的工作方式、行之有效的工作举措，加之阳光靓丽的警察形象，使她很快成为大学生们心中的“网红”，大家都亲切地喊她“美怡姐”、大学校园的“安全管家”。**杨美怡获评全国公安机关成绩突出女民警、全省优秀人民警察、湖州市最美公务员等荣誉称号，作为杭州亚运会火炬手展现了阳光风采。**

杨云龙，湖州市公安局特警支队副支队长，2011 年参加公安工作以来，立足本职，脚踏实地，开拓创新，履行人民警察的铮铮誓言。他创新实践“以打促控、基础管控、部门联控、街面巡控、圈层查控、精密智控”的社会治安防控体系，获国家发明专利 1 项，国家实用新型专利 5 项。联合城区 3 个派出所 24 小时屯警街面，采取车巡、步巡与驻点相结合的方式，在重点区域和重点时段开展联勤网格化巡逻，不断提升街面见警率，持续保持严打态势，处置各类警情 260 余起，抓获违法犯罪嫌疑人 14 名。**杨云龙获评全省优秀人民警察、湖州市人民满意政法干警等荣誉称号。**

吴康康，吴兴区公安分局巡特警大队辅警，2009 年退伍后参加公安工作，他始终牢记“全心全意为人民服务”的宗旨，以过硬的纪律作风严格要求自己，勇敢面对维护稳定、打击犯罪、抢险救灾等各种任务。他组建“康康救援队”，带领 13 名队员为中心城区提供救援服务，在新冠疫情期间，自费购买了电动喷雾器对农贸菜场、地下通道、公交车站台、公厕等场所消杀上千余次，调解矛盾纠纷、排除安全隐患40余起。他组织辖区退伍老兵成立“康康老兵家园”，深入开展治安除患巡逻、警务夜市防诈宣传、安全风险排查走访，深入学校开展防爆恐、防溺水技能培训等工作。吴康康获评浙江省优秀警务辅助人员、浙江青年岗位能手、湖州市道德模范等荣誉称号。

三、看见“美丽”的形之美

庄子言，“天地有大美而不言，四时有明法而不议，万物有成理而不说。”“美”在不同学科有不同定义，在哲学的概念里，美是具体事物具有的促进社会和人类生存发展的功利性能、正面意义和正价值，存在于个别具体事物之中的有别于丑的相对抽象事物或元实体。个人在接触具体事物的过程中，受作用、影响和刺激时产生愉悦、满足等美好感觉，促使人们反思、寻找美感产生的原因。“美”除了表示事物的美好，加上“丽”的附加，有令人满意的意思。“美丽”的特性，辐射公安工作各方面，存在于一颗红心永向党，以生命赴使命的至美；存在于为民立命、人民至上、以大爱护大众的淳美；存在于实干担当、以身作则、甘于奉献的臻美；存在于突破自我、努力拼搏、化茧成蝶的壮美；存在于内外兼修、浩然正气、良好品德的秀美，等等。

陈飞，南太湖新区公安分局杨家埠派出所民警，职级套改后穿上了高级警官的“白衬衫”，但他一直扎根基层、恪尽职守，牵头成立北片园区“助企先锋”红色党建联盟，建立线上线下两个阵地，打造政策宣传的平台、巡逻安防的基地，辖区内的矛盾纠纷、不安定因素第一时间知晓、控制、反馈、处置，做到“群众吹哨、飞哥报到”。针对辖区957户拆迁居民的不同诉求，他创新“三心三解”工作法，做到政策解释到位、实际困难解决到位、不良情绪解气到位，推动矛盾纠纷源头化解，最终实现100%签约。他平时随身携带工具箱走村串户，为居民解决生活小难题，危急关头上房揭瓦灭火，生死瞬间扑救跳桥轻生母女，保护人民群众的生命财产安全，是群众身边有求必应的“警察叔叔”，更是修补社会关系的“工匠”，他的事迹先后获省市领导批示肯定。**陈飞获评浙江省人民满意的公务员、平安浙江建设先进个人、全省信访系统先进工作者、省公安厅“三能榜样·最美浙警”、最美湖州人等荣誉称号。**

倪金荣，安吉县公安局凤凰山派出所民警，1984年参加公安工作，始终扎根基层派出所，以强烈的事业心和责任感守护绿水青山。他组建“老倪”工作室，在辖区建立了一支“守青山、护绿水”的群防群治队伍，探索“严防、严查、严管、严打”工作法，以维护辖区和谐稳定为中心，以严格执法为主题，以群众满意为标准，做到出警快一秒、服务优一分，时刻守护辖区的绿水青山，及时为群众排忧解难，近3年共化解各类矛盾纠纷260余起，办理行政违规案件300余起。**倪金荣获评2023年全国公安机关“五一”成绩突出个人、省公安厅“三能榜样·最美浙警”等荣誉称号。**

裘力彬，安吉县公安局办公室主任，2006年参加工作，从社区民警到治安业务骨干、省级优秀教官，逐步成长为公安机关先进典型。他爱岗敬业、苦练本领，在群众工作、治安业务等方面悉心钻研，积极探索立体化治安防控体系在社区的延伸，创建“安全防范健康门诊”“家园城堡工作室”等，辖区多年保持风险隐患动态清零，侵财案件“零发案”。他的群众工作法入选公安部《公安机关践行党的群众路线经验做法选编》，多次在省市公安系统教官比武中名列前茅，被聘为全省公安机关治安系统岗位专家。**裘力彬获评浙江好人、全省优秀人民警察、湖州市模范人民警察等荣誉称号。**

施雁华，吴兴区公安分局刑侦大队民警，2001 年参加公安工作，紧跟公安大数据发展趋势，不断探索提升研判能力，成为研判的“领头雁”，被公安部刑侦局聘为全国专家。她带领团队加强技战法创新、系统工具开发等研究攻关，相继开发了相关阵地管控系统实战平台，为全局信息应用和实战提供了强力保障。她牵头成立“施雁华工作室”，以出色的信息运用能力，积极从事打拐、寻亲等公益事业，依托中央电视台《等着我》栏目、志愿者开展寻人线索落地核查研判，先后为 300 多起寻人求助提供了有价值线索，助力 103 个家庭实现团圆梦，多次被中央电视台《等着我》栏目特别鸣谢。**施雁华获评浙江好人、浙江省巾帼建功标兵、湖州市最美湖州人等荣誉称号。**

沈杰，织里公安分局交巡警大队大队长，2002 年参加工作，始终扎根交通管理基层一线，不忘初心、牢记使命，兢兢业业、勤勤恳恳在岗位上践行“三能”要求，以“一个党员就是一面旗帜”，严管理、强素养、提业务，带领全体队员全力做好辖区交通安全管理工作，查处各类交通违法行为2万余起，其中涉酒类违法行为350余起，排查整改市级以上隐患整治黑点6处，清理重点安全隐患车辆26辆次，实现了辖区道路有序、畅通，辖区交通事故数连续两年下降。**沈杰获评全国优秀人民警察、湖州市五一劳动奖章、湖州市人民满意政法干警等奖项、荣誉称号。**

四、看见“和顺”的力之美

中国古代先哲很早就提出“天人合一”的思想，人与自然和谐，人与人和谐，人自我身心内外和谐，兼容并包，共存共处，相互调剂。“和”包含了合，在承认不同事物存在矛盾、差异的前提下，把彼此不同的事物统一于一个相互依存的和合体中，并在不同事物和合的过程中，吸取各个事物的优长而克其短，使之达到最佳组合，促进新事物产生和发展，“顺”着同一个方向前进。“和顺”的特性，体现在公安工作方面，就是党政有呼、公安必应，对党委政府的决策部署坚决响应、坚决执行、不搞变通，使党委政府与公安机关之间更加和顺、公安机关与职能部门之间更加和顺；对人民群众的需求，依靠人民，造福人民，全心全意为人民服务，使公安机关与人民群众之间更加和顺。在公安队伍内部，政治清明，干部清廉，作风清正，严管厚爱、心齐气顺、融洽团结，使民警个体之间、上下级同事之间、警种部门之间更加和顺，形成“同愿同行、同甘同苦、同心同德、同力同责”的良好氛围，推动公安事业整体向前发展。

湖州市公安局特警支队一大队，始终以“三能”要求为指引，不断强化队伍管理，狠抓工作落实，充分展现“特别讲政治、特别守纪律、特别能吃苦、特别能奉献、特别能战斗”的精神，承担各类突发事件处置、街面日常巡逻、抢险救灾、大型活动安全保卫等各项任务，出动警力2380余人次，出动巡逻车1100余车次，开展“途安行动”60余次，成功处置各类突发事件115起，抓获违法犯罪嫌疑人57人。大队深耕警察机动部队（Police Tactical Unit，PTU）日常勤务管理，致力“人员、装备、预案”的完善，深入推进打防控一体化和数字警队建设，科学决策、改革创新、凝心聚力、服务大局，把具有湖州特色的PTU工作推到了新高度；**该大队获评全国公安机关爱民模范集体等荣誉称号。**

湖州市公安局交警支队车管所，纵深推进“放管服”改革，拓展“一窗通办、一网通办、一站通办”服务范围，创新车辆通道式查验、机动车抵押登记“一件事”和警医邮、警法合作等便民举措，实现65项高频业务一网通办、54项业务一窗通办、新车购置一站通办，推动8项高频业务乡镇全覆盖，设立便民服务点225个，为人民群众提供智能精准、普惠均衡的车管服务。同时，强化全警日常作风管理，制定《车管所民意诉求办理工作规定》，设置举报电话、公开所领导手机号码，建立车管民意交流微信群，开展警务回访，接受群众监督。近三年，群众满意度调查均在99.98%以上，无信访和有责投诉，连续18年“零违纪”。**该车管所获评全国一等车管所、全国交警系统党建带队建示范单位、湖州市清廉建设基层成绩突出**

单位等荣誉称号。

湖州市公安局高速交警支队二大队，努力探索“多元化调解交通矛盾、全时空守护高速平安、零距离服务出行群众”高速警务模式，筑牢“进省、途中、入市”三道防线，做到重点管控“全闭环”，2022年实现全年亡人事故“零发生”。全力打造“一室两队”警务构架和“共富班车·高速驿站”综治平台，有效拓展科学防控勤务，第一处置力量到达现场平均时间5.8分钟，同比缩短32.7%。升级监控设备事件检测系统，安装匝道预警系统10套，实现违法停车、路面拥堵等异常情况自动报警，检测发现率同比提升68.5%，大大降低次生事故的发生。**该大队获评浙江省公安机关优秀基层单位、浙江省公安厅“三能榜样·最美警队”等荣誉称号。**

湖州市公安局出入境管理局，始终坚持以人民为中心，创新推出外国人工作“一件事专窗”、为企服务专窗，在省政府“放管服”抽样调查评估中，群众满意率连续三年全省第一。在全国率先试点境外人员身份核验项目，被列为浙江省2022年度改革突破银奖，“浙里移民服务集成改革”的子项目被评为全省第六批数字法治“好应用”，填补国内该领域空白，研发的“出入境智能管控系统”获评公安部一等奖。**培育推广德清涉外“教科书式”执法工作样板，得到公安部和省委领导充分肯定并全省推广。该局获评全国三八红旗集体、湖州市人民满意政法单位等荣誉称号。**

德清县公安局阜溪派出所，把“和谐、安宁、生机”作为警务工作和队伍建设的追求，聚焦打造“枫桥经验”企业版，组织辖区118家重点规上企业成立“守望阜溪”志愿者联盟，率先建成警企综合服务治理中心，依托“e企安365”应用平台创新实施“1+300”企业安全顾问工作，推行企业“安商”指数通报、安全抄告提醒、安防点单培训、“安商”基金共建、安心热线服务，实现辖区刑事、治安、纠纷警情连续3年下降。探索形成“老乡管老乡”以自治促管理的基层治理新模式，历时10年精心培育“老王工作室”，让“有事找老王”成为阜溪新居民的“流行语”。把清廉公安建设作为底板工程，以小切口推动真从严，管大道理更管小细节，连续13年队伍“零违纪”。**该所获评全国首批“枫桥式公安派出所”、全省优秀公安基层单位、省公安厅“三能榜样·最美警队”等荣誉称号。**

吴兴区公安分局八里店派出所，坚持和发展新时代“枫桥经验”，创新打造湖州市首个警源联治工作站，打通110接处警平台与“基层治理四平台”指令通道，辖区有效警情同比下降26.5%、纠纷类警情下降46.5%。深化“1+5”楼道长安全防范、矛盾化解、隐患排查等功能，推行“警务夜市”，形成集反诈宣传、法律咨询、业务代办于一体的工作新阵地，电诈发案同比下降11.8%。试点智慧小区预警系统，推动“家里办”在辖区生根，“一窗通办”到“一网通办”迭代扩面，社区老人实现了“零走失”“零意外”。持续做好项目警官制，在辖区23个“大好高”项目均建立警务室，指导开展安全隐患排查、矛盾纠纷化解、流动人口登记等工作，主动警务取得良好成效。**该所获评全国优秀公安基层单位、浙江省“枫桥式公安派出所”、浙江省巾帼文明岗、浙江省青年文明号等荣誉称号。**

南浔区公安分局菱湖派出所，聚焦群众急难愁盼，纵深推进“警源治理”新模式，打造和谐稳定的治安环境、公平正义的法治环境和优质高效的服务环境。迭代升级下昂、渔都两大生态警务联勤共治工作站，新建“凌波渔韵”生态警务联勤共治工作站，积极构建“七位一体”的“渔都卫士”群防群治警务共同体。严格落实队伍管理“六层五级”监督体系，连续五年队伍违法违纪“零发生”。**该所获评全国青少年维权岗、2022 年“全省二十佳平安类社会组织”、湖州市先进基层党组织等荣誉称号。**

南太湖新区公安分局情报指挥中心，围绕新冠疫情防控、各类大型活动安保，始终保持维稳安保的敏感性和主动性，深化“情指行”一体化合成作战，按照“智能、无感、动态、和谐”的要求，开发“超融合实景指挥”场景应用，为各类风险及处置工作开展高效预警和指挥。通过“早晨会、晚调度、日通报、周复盘、月分析”，对每起警情实行闭环管理，以内部“110”响应机制向全局提供全天候实战服务支撑，最大限度避免盲接、盲处，为警务工作的质量变革、效率变革、动力变革提供了有力支撑和保障。**该中心获评全省优秀公安基层单位等荣誉称号。**

长兴县公安局，锚定“治理体系和治理能力现代化”的总目标，全面深化“公安大脑”建设，以“市县主战、派出所主防”为定位，试点实行县级公安机关系统性重塑整体性变革，改革工作得到公安部的肯定；被浙江省公安厅确定为县级公安机关系统性重塑整体性变革试点单位，在全省公安改革现场会上作经验交流。积极探索社会治理和谐共治之路，推出居住出租房智能门锁项目，荣获公安部“智慧公安我先行”二等奖，开发“安骑”电动自行车智管系统，获评全国信用案例暨信用应用场景优秀微视频。主动融入营商环境优化提升“一号改革工程”，创新开展“四优双创连企心”活动，组建龙警官专家“问诊团”，打造企业安全风控整体方案。不断深化“人文警务”建设，全省首创党风廉政建设主体责任层级管理经验，创新“四星”争创机制，获评公安部创新成果二等奖，“康警在线”项目被公安部、浙江省公安厅作为爱警工作举措进行经验交流。**该局获评全国优秀公安局、浙江省扫黑除恶专项斗争先进集体、浙江省先进基层党组织等荣誉称号。**

安吉县公安局，忠诚践行“绿水青山就是金山银山”理念，高标准落实防风险、保安全、护稳定、促发展各项举措，圆满完成党的二十大、中华人民共和国成立70周年、习近平总书记来安吉考察等一系列重大安保警卫任务，庆祝建党100周年安保维稳工作专班被公安部记集体一等功。夯实平安建设根基，刑事、治安警情及道路交通亡人事故持续下降，实现省级平安建设十八连冠，助力安吉县捧回“二星平安金鼎”和“长安杯”。紧抓执法质量“生命线”，首创“中层办案”制、“林区警长”制、“平安家园卫队”等工作，警情治理、生态警务等特色工作亮点纷呈，探索走出一条具有安吉特色的执法规范化建设新路子。**该局获评全国优秀公安局、连续 18 年获评“浙江省公安机关执法质量优秀单位”、2 次荣获“全国公安机关执法示范单位”荣誉称号。**

2021 年以来，湖州市公安局 82 个集体、220 名个人获省级以上荣誉，6 个集体和个人获评国字号荣誉，在原有英模王法金、马长林的基础上，又涌现沈云如、陈建如、张列行、陈飞等为代表的一大批先进典型，得到浙江省委省政府领导和社会各界的充分肯定。

> 2022 年，湖州市公安局获评“省平安建设先进集体”荣誉称号，蝉联浙江省市级公安机关综合实绩评估优秀单位，勇夺市级部门考核“标兵”、一等奖，在全国公安系统英雄模范立功集体表彰中实现了全国优秀公安局、全国优秀公安基层单位等五个项目的“大满贯”，“群英现象”逐步从高原向高峰迈进。

习近平总书记指出，“伟大出自平凡，平凡造就伟大”“一切伟大成就都是接续奋斗的结果，一切伟大事业都需要在继往开来中推进”。[①] 大江流日夜，慷慨歌未央。一代又一代，湖州公安人已走过千山万水；进入新时代，湖州公安人依然在跋山涉水。在波澜壮

① 《习近平在国家勋章和国家荣誉称号颁授仪式上的讲话》，载《人民日报》2019 年 9 月 30 日，第 2 版。

阔、跌宕多姿的新征程面前，湖州公安将认真践行习近平文化思想，坚定文化自信，秉持开放包容，坚持守正创新，在新的起点上继续推动文化繁荣，在实践创造中进行文化创造，在历史进步中实现文化进步，不断传递精神火炬，开创人文警务新局面，推动公安事业不断向前、向前！

政治培根地
清廉常驻地
法治公信地
能力激发地
暖警幸福地
人才聚集地

第七章

“美丽警队”的推进方法

“工欲善其事，必先利其器。”正确的方法是做好工作的重要保证。[①]为加快构建具有湖州辨识度的现代警务新体系，奋力谱写“美丽警队”精彩篇章，湖州公安聚焦“职能科学、事权清晰、指挥顺畅、运行高效”总体要求，坚持“目标引领、差距管理、过程控制、考核激励、以实绩论英雄”工作理念，对组织架构、运行机制、管理工具等进行一系列改革与创新，旨在优化公安资源配置，提高公安工作效率，持续增强公安机关的领导力、落实力、执行力。

① 习近平：《之江新语》，浙江人民出版社2007年版，第243页。

第一节　变革组织机构，激发向美战力

2019 年 5 月，习近平总书记在全国公安工作会议上发表重要讲话时强调："要推行扁平化管理，把机关做精、把警种做优、把基层做强、把基础做实，加快构建职能科学、事权清晰、指挥顺畅、运行高效的公安机关机构职能体系。"①

湖州公安认真学习贯彻习近平总书记重要讲话精神，按照公安部、浙江省公安厅部署要求，锚定湖州公安所处的历史方位，以打造变革型组织为目标，不断探索推进公安改革。2017 年以来，以相近职能整合归并为逻辑起点，开展以"综合保障中心、情指联勤中心、侦查打击中心、基础防控中心、队伍管理与执法监督中心"为主要运行机制的大部门大警种制改革探索。随着警务工作向数字化、网络化、智能化加速转型，2022 年，围绕浙江省公安厅"公安大脑"建设改革试点，立足"市县主战、派出所主防、全警主训"总体布局，

① 《习近平：坚持政治建警改革强警科技兴警从严治警　履行好党和人民赋予的新时代职责使命》，载《人民日报》2019 年 5 月 9 日，第 1 版。

以公安业务为逻辑起点，以“一类事项原则上由一个部门统筹，一件事由一个部门负责”为原则，系统性构建了**具有湖州辨识度的“两部三中心+N警种”现代警务运行新体系**，进一步提升捍卫政治安全、维护社会安定、保障人民安宁的整体合力。

一、以“两部三中心”牵引组织管理体系重塑

在数字化时代里，每个组织背后都是以强大的数字化管理系统为坚实后盾的，只有快速迭代升级和自我新陈代谢，才有可能突围。为此，湖州公安认真学习领会浙江省委关于加快建设变革型组织和浙江省公安厅关于开展“公安大脑”建设的系列精神，锚定全面构建起基于新技术的智慧公安新机制、现代警务新体系的使命任务，在“明责、明权、明法”前提下，坚持“技术、机制、体制”三轮驱动，统筹运用数字化技术、思维和认知，全方位谋划包括大部门大警种制在内的公安体制机制、组织架构、方式流程、手段工具等方面的系统性重塑，全力打造具有湖州辨识度的现代警务新体系。

（一）以“三明原则”为基础，全面梳理起底公安业务

鉴于以往的大部门大警种制改革往往基于相近职能的简单归并，总体偏粗放，湖州市公安局把公安业务作为改革的逻辑起点，通过“明责、明权、明法”，围绕“职权类别、职权名称、实施依据、责任事项、责任事项依据、实施层级、责任警种”7个要素，按照“谱系以外

无业务”的要求和“横向到边、纵向到底”的原则，统一每一个层级最小组织单元承担的工作任务颗粒度的标准，对本级所有业务事项进行全面解构梳理，共梳理出湖州公安业务事项 1062 项，形成湖州公安业务谱系，全面盘清家底，为职能整合、机构重组、机制完善、体制变革奠定坚实基础。

（二）以“两种变革”为基调，切实锚定改革发展方向

湖州公安坚持按照“人员职能整合、业务工作整合、机制流程衔接”的目标要求，采取渐进式和激进式两种变革方式一体推进、谋篇布局。针对市一级公安机关，认真贯彻落实公安部“市县主战”要求，立足“大脑”的职责定位，采用渐进式变革方式，按照“中心主战、警种主建”的思路，不断整合业务职能，建强“中心”战斗实体，做强警种专业能力，切实提升队伍核心战斗力；针对区县一级公安机关和基层所队，立足“小脑”+“手脚”的职责定位，采取激进式变革方式，初步建立以长兴县局、吴兴区分局为蓝本，做精做优“情指行”一体化合成作战改革，进一步完善指令响应、核查、反馈、预警等关键环节闭环管控，精细化打造区县局、派出所两级社会治安防控体系。按照“组织形态实战化、资源配置精准化、警队管理制度化”要求，切实形成“大脑”指令“小脑”，“小脑”指令“手脚”，“手脚”快速反应执行并反馈需求的工作闭环，达到如身使臂、如臂使指的境界。

（三）以“两部三中心”为主体，着力构建符合主战定位的组织架构

湖州公安坚持“一类事项原则上由一个部门统筹，一件事由一个部门负责”的原则，对应“处突、打击、治理、服务、保障”五大核心业务属性对原有警种业务进行重组，对现有运行架构和体系进一步完善优化，形成以政治部、警令部、警务监督中心为核心强化人力、财力、物力、决策和队伍管理监督的“大后台”；以合成作战中心和便民服务中心为核心强化打击、防范、管理、控制、服务的“强中台”；以各业务部门为核心强化警种尽职履职的“小前端”，构建起以“大平台 + 强中台 + 小前端”为组织形态，从前端到后台服务群众、打击犯罪全链条闭环的“两部三中心 +N 警种”的运行架构。大后台方面，整合政工部门内设机构，政治部统筹指导人事训练、宣传、警校以及机关党委开展工作。调整警令部职能，整合争创办、改革办、考核办等职责，赋予其参谋保障职能，统筹协同办公室、警务保障处开展相关工作。设立警务监督中心，由法制支队牵头，整合审计、督察、法制、信访等警务监督部门力量和资源，形成大监督格局。强中台方面，设立合成作战中心，整合“情指勤”和打防管控等 7 项职责。设立便民服务中心，指导并推动治安、人口、交管、出入境等涉及窗口业务警种按需进驻集中办公，实现公安政务服务一体化格局。小前端方面，对承担治安管理职能相近的治安机动支队、安全防范监督管理支队、新居民事务处和旅游警察支队，整合后统一划入治安管理支队。按照刑事与技术统一的原则，撤销

刑事科学技术研究所，其相关职能划入刑事侦查支队。撤销森林警察支队，其相关职能划入环境犯罪侦查支队。统筹监管场所管理工作，对原监管支队、看守所、拘留所、监察留置所人、财、物实行统一管理。

二、以新一代情指行“主战中心”牵引警务运行体系重构

浙江省是在全国最早探索推行“情指行”一体化的省份之一，湖州市公安局认真贯彻落实浙江省公安厅决策部署，坚持实战化要求催生新战术，在做强做大做优合成作战中心的基础上，不断迭代升级，赋予新一代情指行“主战中心”的定位，逐渐打造起以“主战中心”为龙头的“情指行”一体化警务运行格局。2022年，湖州公安取得警情数与发案数同比分别下降3.1%、12.1%，交通事故死亡人数与电诈损失金额同比分别下降20.5%、17.9%，安全感与满意度同比分别提升至98.5%、97.88%的“三双成绩”。

（一）科学搭建主战运行架构

一是做强“主战中心”，赋予更大的作战架构。以机构的创新整合牵引机制资源联动为突破口，实体化运行湖州市公安局合成作战中心；作为全局主战中心，构建“1+4+9”总体架构，中心主任由湖州市公安局常务副局长担任，统筹整体工作推进；在中心内部设

置“指挥、情报、勤务、作战”四个处，相互之间一体协同开展工作；九个职能大队承接具体的作战任务。通过对组织架构的彻底变革，凝聚强大的组织协调能力，切实解决“小马拉大车”的问题。

二是做优横向联动，赋予更强的作战职能。在做强合成作战中心“最强大脑”的基础上，搭建横向融通各部门、警种的“9+4+N”合成作战体系。“9”是指在合成作战大厅内的9个功能区；“4”是指侦查打击、网络作战、交管指挥等4个分中心；“N”为环侦、经侦等警种专业研判基地；同时，聚焦“社会联动”，全面强化与武警、应急等职能部门的协同联动，持续深化对线索信息的即时流转、精准研判、一体联动、快速处置，实现资源、力量的同步响应、一呼百应，进一步凝聚实战指挥的整体合力。

三是做深三级贯通，赋予更优的作战体系。全力打造贯通“市、区县、所队”三级合成作战体系，74个派出所综合指挥室、57个交警中队数字勤务室、6个高速交警大队数字作战室均实现人员配备到位、机制落实到位、指令执行到位；在此基础上，以集约化统筹街面勤务力量为基础，在湖州市构建多维度立体化街面动态警力部署模式，将勤务警力划分为“动态勤务警力”及“静态待命警力”两部分，通过动态部署勤务，实现分级响应、梯次用警、重点防控、快速处置。

（二）全面优化主战运行模式

不断增强“情指行”的战斗力为突破，实现主战模式的全面优化。

一是强化情报能力。以“泛在感知、敏锐洞察”为目标，深入推进研判支撑能力提升等工程，在“数据分析师”建设的基础上，创新评定10个市级“情报研判室”和8个市级“数据分析室”，充分发挥“传、帮、带”和“示范引领、辐射带动、创新突破”的作用，全力打造“以人才凝聚团队、以团队培养人才”的长效机制。同时，进一步延伸拓展前端触角，进一步提升前端感知网络的密度。

二是强化指挥能力。以“虚实二元一体”指挥结构进一步汇集指挥资源，在搭建三级合成作战实体指挥架构的基础上，全面推行“双指挥长”值班值守制度；经过严格选拔，确定12名作风过硬、实战经验丰富和指挥能力强的湖州市公安局中层以上领导担任指挥长，每日2名指挥长互为犄角，其中1名指挥长24小时待命执行随行作战任务，确保一旦发生重大突发案事件，能够第一时间赶赴现场组建前沿指挥部，协助一线局领导整合第一手信息资料，指导相关部门警种开展工作，确保“局领导—指挥部—现场”三级信息渠道畅通。同时，根据实战需求，通过融合通信等手段，快速搭建虚拟在线指挥架构，破解突发事件支撑不到位、不及时等难题。

三是强化行动能力。围绕重大突发案事件应急指挥处置需求，建立24小时运行的“1+4+6”最小作战单元。“1”是以“双指挥长机制”为牵引，“4”是指由合成作战中心负责的信息、勤务、情报、作战四个常态入驻岗位，“6”是指由相关警种负责的支撑、舆情、通信、打击、防控、交通等的人员按需入驻岗位。最小作战单元时刻保持“热备份”。在日常工作中常态化开展“红蓝对抗”演练，全面培养懂实战、会指挥，懂分析、会研判，懂技术、会合成，懂管理、会协调的“四懂四会”人才，切实提升队伍实战能力。

三、以资源优化配置牵引支撑保障体系重建

习近平总书记在全国公安工作会议上强调，“要深化同机构改革配套的相关政策制度改革，优化职能配置、机构设置、力量资源配置。”[①] 湖州公安认真贯彻落实习近平总书记的重要讲话要求，着力改变以往粗放的资源配置模式，根据中心大局、重点任务、实战需求进行动态调整，持续推进警务资源的优化配置，确保配置更加精准高效，努力为公安改革的不断深化完善提供强有力的保障支撑。

（一）坚持内部挖潜优资源

面对当前现有警力编制不可能大幅增加的现状，湖州公安坚持“多少任务配多少人”“什么岗位配什么人”的理念，全力实行内部挖潜，科学、规范、精准使用警力资源，真正做到警力无增长改善。

① 《习近平：坚持政治建警改革强警科技兴警从严治警 履行好党和人民赋予的新时代职责使命》，载《人民日报》2019年5月9日，第1版。

一方面，把编制统筹使用贯穿始终。积极争取编办等部门支持，制订改革试点方案。根据同质同类业务合并以及专业化管理需要，撤销安全防范监督管理支队、新居民事务处和治安机动支队等3个内设机构，新设信访支队、政务服务管理处和辅警管理处。从职能整合角度，合成的作战单元由原来40个减少至23个，中层干部职数基本保持不变。湖州市本级公安机关各单位编制资源由湖州市公安局统一调配，动态管理，推动编制资源向最急需、治安复杂地区使用。

另一方面，把警力差异化配置贯穿始终。聚焦战略、组织、变革三大能力建设，优化警力资源配置。积极打造“人岗配”用人格局，改革后湖州市公安局腾出20余名编制充实合成作战等实战部门。组织300余名民警开展轮岗交流，确保因岗择人。根据改革需要，2022—2023年社会招录信息化人才42名，全力保障改革。同时，应时应势稳步开展“50”强基、“40”奋进、“30”扛旗、“20”起航工程，进一步激发全警各年龄段创造性张力。2021年以来，市局机关共有15名政治过硬、责任心强、经验丰富的“50后”民警转任基层，全市形成了以“85后”笔杆子库、“90后”后备人才库等为主力军的150余名优秀年轻民警梯队。

（二）坚持素质提升强资源

做好改革各项工作，人的因素是第一位的。民警个体的能力素质好不好，决定着整个湖州公安队伍核心战斗力强不强。工作中，湖州公安不断推进完善各项措施，全力提升民警各项能力水平。

一是强化一线磨炼。坚持干部从基层出，规定提任副科级领导干部的，应具有 2 年以上基层所队工作经历。出台《湖州市公安局选派优秀年轻民警到基层实践锻炼的管理办法（试行）》，连续 17 年选派湖州市公安局机关民警到织里分局基层一线或重点岗位进行实践锻炼，切实提升其应对处置复杂情况的综合能力。制定湖州市公安局机关优秀年轻干部脱产到信访岗位锻炼制度，近 3 年，共安排 20 名新提任副科级领导干部、“85 后”优秀年轻干部到信访岗位锻炼。

二是强化跟班历练。把年轻民警科技信息化应用能力提升作为重中之重，明确新招录信息化相关专业民警全部到合成作战中心岗位跟班学习。开展全警特别是年轻民警“湖警智治·芯大脑”应用测试，湖州市公安局党委理论学习中心组“周一夜学”定期抽测年轻干部民警，做到人人都会、人人过关。建立年轻民警到湖州市公安局跟班学习制度，2023 年以来，共挑选 80 名优秀年轻民警开展跟班锻炼，有效提升了年轻民警的专业技能。

三是强化专业锻炼。充分考虑优秀年轻干部专业能力、专业精神，将其放到能够发挥专业优势、专业特长的岗位上，做到量才适用、人尽其才。对优秀年轻干部分层分类开展专业化培训，不断改善年轻干部知识结构，提升专业能力。注重重点跟踪孵化，对有专业能力特长的民（辅）警设立以个人名字命名的专业人才工作室，在做好激励的同时，明确传帮带任务，变一花独放为百花满园。目前，已设立“杨云龙工作室”“徐云飞工作室”等以民（辅）警个人名字命名的专业人才工作室39个。

（三）坚持警企合作引资源

数字化背景下，公安改革离不开数字化技术的支撑，湖州公安不断强化与各领域头部企业深度合作，充分运用其技术优势，以技术流的迭代更新来不断推动业务流、管理流的优化提升、创新蝶变。2020年以来，湖州公安分别与华为、海康、阿里巴巴等深化战略合作，围绕云计算、大数据、智能感知、5G创新、网络创新、智慧交通、智能协作、智能安全、智能运维、自主可控、人才培养等十大课题方向开展一系列合作，并建立警企联合实验室，不断孵化符合湖州公安战斗力提升的各类产品。比如，基于华为的云计算架构，建成以“芯大脑”为核心的大基座计算体系，融合汇聚公安网、政务网、物联网、互联网数据，为“数据池”提供充分的源头活水。引进海康的图片流、紫光的视频流实时解析、精准比对、统一归档等高阶算法，打造市县一体化视频图像解析中心。依托阿里达摩院的数字孪生技术，搭建亚运安保数字孪生指挥平台，实现赛场内外秩序稳定可控。

第二节　升级运行机制，迭代向美战术

湖州公安坚持民意导向、基层导向、实绩导向，全力升级与“美丽警队”建设相适应、相衔接、相配套的工作运行支撑保障机制，不断凝聚全警上下、警营内外同愿同行、共建共治的向美力量。

一、坚持民意导向，健全“民呼警应”机制

始终坚持以人民为中心的发展思想，走好新时代党的群众路线，通过不断畅通听取民意、汲取民智、回应民需的渠道，共寻发展之道、共谋发展之策，持续完善“民呼警应”机制，以百姓之心为心，推出了一系列惠民生、暖民心的工作举措，系统解决人民群众的“急难愁盼”问题，持续提升人民群众的获得感、幸福感、安全感。

（一）民意诉求接诉即办

1. 一个系统集成民意渠道。先后 4 次迭代升级“民呼警应”系

统场景应用，实现“12345”湖州政务服务便民热线、民意直通车、公安新媒体平台留言、政务“芯服务”平台诉求、厅局长信箱、基层民警走访等10余个民意渠道的全量集成。现已汇聚企业、群众各类诉求120余万条，并统一归集、分类、流转和办理。

2. 多端应用提升办理效率。通过搭建“1+3+N”整体结构，重组数据流、业务流和管理流，全面迭代升级了集数据汇集、智能统计、自动派单、督办处置、反馈评价为一体的全流程闭环民意办理智能化应用。并拓展浙政钉端、新媒体端和电脑端的同步建设，真正实现了群众多渠道反映诉求、公安一个数据流快速响应。

3. 全量研判解决民生痛点。全面梳理、分析、研判民意诉求，针对一定时间内群众反映的热点诉求，定期做好社情民意的分析研判工作，编发《每日民意诉求速递》《每周民意综述》以及月、季、年的分析报告。各地各部门快速响应，及时解决群众反映强烈的焦点问题、苗头性问题，在落实个案逐一回应、解决的同时，适时组织专项行动，着力形成责任管理闭环。

（二）惠民项目精准落地

1. 惠民项目全民定。**连续14年组织开展“惠民惠企十大行动”**。每年年底，湖州市各级公安机关利用问卷调查、上门征询、走访党政机关等各种警民交流沟通的方式方法，征询“惠民惠企十大行动”

建议项目。各部门聚焦重点工作开展调研，广泛征求基层所队和广大民警的意见建议，提出“惠民惠企十大行动”备选项目。在《湖州晚报》、“湖州公安”微信公众号等网上网下多渠道广泛发动群众进行票选，将公安年度重大民生实事项目交由群众选、群众定。

2. 惠民行动全警上。全警围绕群众长期关注的保畅、禁毒、护校等焦点，不断自我加压，每年都以更高标准落实行动；针对生态、扫黑、反诈等新形势新要求，快速部署，主动出击，加强源头预防与综合治理。2023 年，湖州公安对标浙江省、湖州市三个“一号工程”建设，切实把企业家的呼声作为工作第一信号，把企业家的关切作为工作第一视角，出台了一系列公安深化惠企举措，切实把惠民、惠企的“双惠”举措落到实处。

3. 惠民成果全员享。“惠民惠企十大行动”既是湖州公安的一个品牌，又是推进“美丽警队”建设的有效举措，更是湖州公安服务人民的重要载体。14 年来，湖州公安累计收到群众建议 1.1 万余条，群众直接参与惠民行动投票达 66 万人次。根据群众期盼，湖州公安累计出台 140 项惠民行动，采取针对性措施全力解决影响群众安全感、满意度的突出问题，切实做到守民安、聚民力、赢民心。多年来，**湖州人民群众的社会治安安全感和对公安工作的认可度一直稳居全省前列。**

（三）民主保障品牌凸显

1. 强化服务供给。近年来，湖州公安着力优化民生服务供给，将群众的口碑、群众的关切摆在心上，把小事、日常事做实做细做好，结合群众的新期盼、新要求，对惠民措施及时优化、动态调整。通过加强跨部门、跨警种的联动协作，实现“民呼警应”驾驶舱与公安“芯大脑”、政务服务“心服务”等平台的数据对接，让数据多跑路、群众少跑腿。

2. 强化监督问效。定期组织对诉求办理、惠民项目推进情况进行复盘，依托民意诉求按期办结率、平均办理时长、满意率等指标，每月开展通报；依托业务指标完成情况检验惠民项目行动的落地成效，根据项目不同类别，建立科学的验收、评价标准。每季度进行一次督导与通报，联合领办部门开展实地督导，听取基层建议和需求并形成清单。相关部门发挥牵头抓总、监督问效的作用，推动诉求办理工作、惠民惠企行动提质增效、纵深发展。

3. 强化品牌传播。通过融媒宣传的方式，不断提速热点民意向宣传产品的转化效率。对群众反映的问题进行现场直击、线上互动，把热点民意制作成每周一期的《警察故事》栏目，截至 2023 年 12 月 5 日，已发布 81 期，总浏览量达 200 余万人次，现该栏目已成为湖州电视台《阿奇讲事体》《民生奇事》节目的常驻环节。通过网络、报纸、微信、微博等各种渠道向社会各界宣传公安机关惠民惠企、便民利民工作成效，持续擦亮湖州公安“警察故事”和“惠民惠企十大行动”等品牌。

二、坚持基层导向，健全“一线支撑”机制

湖州公安牢固树立“大抓基层、大抓基础”的鲜明导向，全面落实公安部《关于建立健全警种部门支援派出所机制的意见》《加强新时代公安派出所工作三年行动计划（2023—2025年）》，迭代优化“一线支撑”工作机制，以市局局长开展为期一周的下基层当派出所民警活动、市局领导和机关部门中层正职联系基层所队活动、机关服务基层“三晒三评”活动、金点子创意大赛活动等工作为抓手，倾听基层声音、强化服务意识，掌握基层需求、创新工作机制，解决基层困难、增强工作活力，从基层基础工作的实际需求出发，调整业务工作方向，优化考核考评体系，最大限度地释放基层手脚、激发基层活力。

（一）打通“供给＋需求”两侧通道

1. 机关主动“下单”。湖州市公安局局长连续多年在各类企业集中、外来人口聚集、治安相对复杂的吴兴区织里镇蹲点调研，开展为期一周的下基层当派出所民警活动，与派出所民警同吃、同住、同工作，深入调研了解社会治理、公安工作及队伍建设情况。建立湖州市公安局局领导、高级警官、机关部门正职联系派出所、交警

中队制度，通过每月走访基层所队，协调解决问题。结合调研、督导情况及各部门业务实际，主动推出服务基层项目，涵盖业务指导培训、数据支撑服务、政策机制保障、品牌培育提升、暖警惠警关爱五大方面，推出三批次92个具体服务项目，2022年推出警种部门支援派出所“十件实事”，并充分运用OKR管理模式，实行清单化管理、项目化推进。

2. 基层按需“点单”。基层所队从辖区特点和业务需求出发，结合市局领导和机关部门中层正职联系基层所队、机关服务基层“三晒三评”等工作制度，梳理各自存在的短板情况和薄弱环节，协同开展管理工作提质增效工作。派出所和交警中队根据日常业务开展过程中遇到的问题、困难，可以分别向湖州市公安局党委成员、机关部门中层正职中的固定联系责任人直接提出服务需求项目，由治安管理支队统一派单至相应业务警种，通过线上线下结合的方式提供针对性的点对点服务指导。派出所累计提出需求150余项，均得到回复解决。

（二）激活“输血＋造血”两种功能

1. 专业团队上门指导。组建法制、侦查、外管、巡控等专业教官团队10余支，定期赴派出所开展上门培训，覆盖民（辅）警3500余人。由办公室、治安管理支队、宣传处等部门组建专家团到重点派出所驻点，指导提炼总结、宣传策划工作。大力推广“师带徒”

模式，根据实际需求，选派警种业务骨干对部分业务薄弱的派出所、交警中队进行驻点陪练、帮扶。业务警种广泛建立直面基层的“浙政钉群”，实现 7×24 小时在线接受基层咨询。

2. 鼓励基层靶向创新。创建“警务创新，畅想未来”金点子孵化机制，每年举办“金点子创意大赛”，广泛征集湖州公安在攻坚工作难点痛点、应对实战需求等方面的靶向创新金点子。组织创意金点子评选，对能切实破解现实难题、提升警务效能的金点子进行专业孵化。从创意雏形的“璞玉浑金”，到孵化落地的“点石成金”，再到实战检验的“烈火真金”，结出了累累硕果，充分展现了湖州公安的谋划力、执行力、战斗力。3 年来，共征集到金点子 5500 多个，评选出 32 个湖州公安优秀金点子，优化整合、孵化落地 24 个金点子。

（三）做好“减负 + 增效”两篇文章

1. 缓解源头压力。出台全面深化落实“负面清单”制度十项举措，允许各地因地制宜采取“侦查打击中心、组建专业办案队、所队警力置换及警种相互调剂”三种模式，既最大限度盘活现有警力，提高办案质效，又推动派出所回归服务群众和基层治理主责主业。深化“非紧急非警务”矛盾纠纷警情分流，创新矛盾纠纷警情社会协同处置工作理念，打通“110”接处警平台与基层治理四平台、“12345”湖州政务服务便民热线的流通渠道，累计分流推送“双非”矛盾纠纷警情 3 万余起。自主研发推广“警情多维智能分析模型”实现纠纷警情风险智能预警，上线以来已累计预警处置高风险矛盾纠纷警情 2300 余起。

2. 降低运转阻力。推行“小脑 + 手脚”模式，治安、交警、情指、科信、警保等部门共同参与，指导 95% 以上派出所、交警中队建成实体运行的综合指挥室，基层所队“小脑”功能进一步完善，内部指令下达及分析研判更趋顺畅。开展统计报表清理精简整治工作，各警种部门共取消需要基层所队填报的 48 种 1000 余项报表，新增报表一律由分管业务和统计局领导双重审批，持续减存量、控增量。简化专业用户授权手续，实现 2 小时内开通。

三、坚持实绩导向，健全“赛马比拼”机制

湖州公安在推进“美丽警队”建设中，坚持把“目标引领、差距管理、过程控制、考核激励、以实绩论英雄”的工作理念贯穿于各领域、诸环节、全周期，推动工作项目化、清单化、节点化和具体化，探索建立了争先创优“赛马比拼”机制，着力形成“凝聚人”的责任闭环和“干成事”的管理闭环，不断浓厚全局上下争先创优、实干争先的工作氛围。湖州市公安局连续两年获评浙江省市级公安机关综合实绩评估优秀单位荣誉称号，获评湖州市年度“奔跑者”奖，“在湖州看见美丽警队”金名片持续擦亮。

（一）坚持实绩导向，以“能”的“赛制”彰显公平公正

1.“考核”统抓统管。按照“一个部门统抓、一个体系抓总”原则，加强考核考评工作的统筹协调，由警令部牵头制定和执行湖州公安考核办法，统筹浙江省公安厅综合实绩评估、湖州市市级部门综合考核、浙江省省市平安考评等工作，归并考核条线、简化考核程序、提高考核效率，切实解决“多头考核、重复考核、烦琐考核”问题。

2.“评定”分级分类。坚持差异化考核，引入“亩均论英雄”考评概念，设定“比拼分”“评价分”两个板块，确立“绝对值”“相对值”两个维度，每月开展工作绩效评估、贡献度比拼，既比较工作总量，也考量进步快慢，有效消除规模体量、区位差别等因素带来的考核误差，引导各地各部门重平时、重积累、重进步。

3.“规则”严明严守。出台综合实绩评估方案，明确各考评责任部门的职责任务、时间节点和考评标准，保障考核的科学性、规范性和有效性，并将考核规则执行情况纳入日常督察检查内容，对违反考评工作纪律和要求的部门或人员，视情节轻重给予扣分、处分等处理，切实避免“钻空子”“走后门”现象发生。

（二）突出过程控制，以“能”的“赛程”营造争先氛围

1.用好一套工具。建立综合实绩评估体系，出台“OKR、平推、

标杆”等工具的实施方案，强化科学管理模式运用，从湖州市公安局党委至基层民警，逐人、逐部门设置对应OKR，明确目标任务、完成节点及责任部门、责任人，把任务和责任拆解到“最小颗粒度”。2023年全局OKR半年度复盘显示，各部门OKR阶段性完成率达98%。[①]

2. 晒出一张清单。建立“一周一报”机制，对业务类过程性指标实行月、季、半年度、年度的定期亮晒，结合全局通报、网上网下推送，强化节点控制，切实做到全过程可控可视可考，有效解决“年终一评定终身”“平时不过问、秋后算总账”的考核旧弊。

3. 做实一轮督导。每月组织综合实绩推进情况专项督导，创新运用局领导带班督导、高级警官督察、部门联合巡察等方式，深入各地各部门开展督察检查，对工作推进不力、迟缓的，队伍屡屡出问题、潜在风险较大的，第一时间约谈局领导班子、条线负责人和具体执行人，列出问题清单，明确整改期限，跟踪督促问题整改落实。

（三）强化结果运用，以“能”的“赛果”展现卓越风采

1. 持之以恒激励先进。坚持“以实绩论英雄”理念，将“赛马”考评结果与表彰奖励深度捆绑，上浮“骏马”单位的立功受奖、优秀公务员名额比例，充分调动广大民（辅）警工作积极性，并作为

① 详见本章第三节。

领导干部提拔任用的重要参考，有效推动民（辅）警履职尽责、担当作为。比如，2023 年新提任的 24 名科级干部中，“骏马”单位的人员占比超过 80%。

2. 持之以恒鞭策末尾。对于被评为“蜗牛”或年度考核成绩列本序列末尾的单位，采取取消评优评先、暂停较高职级晋升等惩罚措施。连续多次被评为“蜗牛”的单位，视情况启动干部问责程序，调整主官及相关责任人职务，切实推动干部能上能下机制落实落地。

3. 持之以恒争先创优。坚持奖惩分明，激励和鞭策并重，将上级公安机关和湖州市委市政府的各项重点工作，系统纳入争先创优“赛马”机制；综合运用“骏马”“蜗牛”单位上台领奖、亮相，以及“一把手”作经验交流、表态发言等措施，形成“能者上、优者奖、庸者下”的鲜明导向，持续激发战队“三能”活力，推动全警踊跃投入实干争先主题实践。

第三节　优化管理工具，革新向美战法

湖州公安聚焦组织形态实战化、作战模式扁平化、资源配置精准化、警队管理制度化，积极吸收借鉴现代企业管理制度，拓宽公安队伍管理思路，创新运用OKR管理法、标杆管理法、平推管理法，打造体现和匹配时代特征、实战需要的，实现自驱、自转、自发的“动力源”工作法，全力助推公安队伍核心战斗力稳步提升。

一、OKR管理——打破惯例，激活组织“自驱力”

（一）湖州公安引入OKR管理法的缘由

湖州公安在全国行政机关中率先引入OKR管理模式改进工作，借力全警探索OKR管理的契机，倡导“跳起摘桃子”，鼓励走出舒适区，坚决摒弃安于现状的“百坦”[①]心理。

① 湖州方言，泛指慢生活、慢工作。

OKR 管理法（Objectives & Key Results）是一套明确和跟踪目标及其完成情况的管理工具和方法。“O”是目标，即力争做成的事情，“KR”是关键结果，即如何确认做成了这件事并对“O”有支撑作用。全球500强中，许多企业将OKR作为企业绩效管理的主要方式，谷歌应用该工作法，公司业绩实现了十倍的爆炸式增长，2017年，华为等IT头部企业开始将OKR引入国内并获得成功。2020年9月，湖州市公安局在全市公安机关派出所所长例会上明确提出，把“枫桥式公安派出所”创建作为湖州公安OKR管理模式的第一块“试验田”。

（二）湖州公安运用 OKR 管理法的实践

“工欲善其事，必先利其器。”2021年2月，湖州公安印发《OKR管理工作实施方案》，明确OKR落地过程中，做什么、做的标准、做的目的，并规划具体的时间。一个完整的OKR周期包含三个阶段。

1. 全局共识 OKR。每年岁末年初的共创会，来自全市各个层级的公安机关都拿出一份集体共创的OKR。各类争创全省、全国领先的OKR同比以往没有实施OKR管理法之前大幅增加，表明了湖州公安追求更宽广的视野和更上一层楼的决心。各地各部门通过各种形式召开了战略共识会，阐述并发布本单位（部门）OKR，分别制定年度战略OKR和季度战术OKR，在制定OKR的过程中，团队召开共识会充分讨论，保证所有成员向着“三个更美”愿景对齐。第一届会议，特别邀请OKR敏捷绩效管理创始人姚琼等专家授课培训，会议气氛热烈，掀起了一场轻松高效的头脑风暴。

2. 全警承接 OKR。各部门对照职责主动承接，确保湖州市公安局党委 OKR 得到全面有效承接。通过聚焦贡献度、支撑度、量化度、参与度，围绕目标、关键结果，以个人 OKR 的高质量完成，确保本单位 OKR 的顺利推进。以 OKR 推进首年 2021 年为例，市局机关各部门局领导层面设置挑战型 OKR 24 个，部门层面 96 个，各类争创全省、全国领先的 OKR 达 14 个，全市公安机关范围内共发布 OKR 6283 条，团队 OKR 960 条，个人 OKR 5323 条。

3. 全速执行 OKR。派出所、交警中队、机关处室通过 OKR 使用战报挂图作战，亮晒细化，落实好日、周、月三级复盘模式，刻度标识，周期推进，实时评估（见图 7-1）。以 OKR 推进的首年 2021 年为例，年中复盘 OKR 完成进度 50% 以上达 68%，完成质量得分在“0~0.3 分的占 38.05%，0.4~0.6 分的占 25.44%，0.7 分以上的占 36.51%”。各地各部门充分发挥 OKR 透明、敏捷的优势，强势推进、全速执行，通过“碰头会”“周例会”“月小结会”等方式强化沟通交流，专门设置 OKR 应用达人奖、OKR 流动红旗、OKR 优胜项目奖等诸多奖项，使方向更聚焦、沟通更透明、激励更有效，做到劲往一处使、力往一处发，将团队效能发挥到最大。

OKR目标管理战报

所属部门： 时间： 年 月 日至 日（第 周）

年度目标					
序号	目标	关键结果 必须：具体的/可衡量的/可达到的/相关联的/有时限的	负责人	完成情况	自评分
1		KR1:			
		KR2:			
		KR3:			
2		KR1:			
		KR2:			
		KR3:			
3		KR1:			
		KR2:			
		KR3:			
备注					

图 7-1 OKR 目标管理战报

（三）湖州公安实施 OKR 管理法的启示

OKR 管理法是一款非常有效的管理工具，能够让团队更务实且更强大，正是在它的辅助下，湖州公安取得了一个又一个可喜的业绩，如 2021 年、2022 年连续两年获评全省综合实绩评估同类地区第一名。2021 年，浙江省公安厅举办全省“枫桥式公安派出所”争创单位亮晒评比活动，湖州市四个派出所全部进入前十（全省排名依次为第一、第二、第六、第九）。安吉县公安局高标打造的生态警务品牌，当年破获环食药知森领域案件大幅上升，类似上述通过“OKR+ 敏捷产品开发 + 项目化管理”的创新型、协同型的优质项目在全市公安机关各个层级争相涌现，不胜枚举。主要归纳为以下四个方面：

一是提高工作效率。OKR 强调目标聚焦，帮助民警更好地理解全局的工作重点和方向，提高工作效率。二是促进协作共赢。OKR 要求目标和关键结果必须公开，鼓励部门之间、民警之间互相了解和支持，促进协作共赢。三是激励积极性。OKR 注重结果导向，激励民警积极进取，不断追求更高的目标。四是优化绩效评估。OKR 将目标分解为具体的关键结果，方便管理层跟踪进度和评估绩效，更加客观和公正。

自运用 OKR 管理法后，创新成果接续涌现，上下承接更有力、左右对接更有序。全警目标与重点更聚焦，思路与方法更清晰，“80 后”“90 后”民警活力迸发，“60 后”“70 后”民警热情点燃，警队自驱力大幅提升。OKR 正成为决策层与基层民警共赴“三美愿景”有效衔接的重要支撑，推动警队使命完成和警务效能提升的力度正在逐渐增强。杭州市淳安县公安局、浙江东方基因生物制品股份有限公司、浙江湖州安邦护卫有限公司等二十余家单位纷至沓来，学习交流，许多地方还将 OKR 方法引入组织内部实施。

二、标杆管理——拒绝平庸，激活组织“自转力”

管理学将标杆管理与企业再造、战略联盟并称为 20 世纪 90 年代三大管理方法，标杆管理法较好地体现了现代管理中追求竞争优势的本质特征。如今，标杆管理在企业、教育、政府、医疗等部门广泛应用。为加快全面提升各项公安业务工作水平，自 2023 年起，湖州公安对标一流警队，全面实施标杆管理，聚焦扬优势、补短板、强弱项，努力把短板拉成长板，把优势转化为胜势，全力提升自身管理水平和综合竞争能力，奋力加速构建具有湖州辨识度的现代警务新体系。

（一）标杆管理法的工作目标

突出问题导向、系统观念，守正创新，力争通过两三年的持续努力，使各单位、各部门设定的指标水平得到全面大幅度提升，少数指标在全国领先，部分指标接近或达到浙江公安先进水平，多数指标稳定保持在全省公安中上游水平，**真正形成湖州公安第一、专一、唯一的核心战斗力**。

（二）标杆管理法的重点任务

第一，高标准护航中心发展大局。一是在护航发展上寻标对标，找准公安机关服务经济发展的结合点、切入点和着力点。二是在群众有感上寻标对标，积极回应群众关注的电诈止损挽损、道路交通治堵保畅、治安热点乱象治理等问题。三是在重大安保上寻标对标，坚决打赢杭州亚运会等重大安保攻坚战。

第二，高标准推进改革创新破难。一是学先进。重点是对全国、浙江省有影响力的成功经验做法和改革品牌方面深入研究。二是扬优势。重点是从警种部门在浙江省内有影响有地位的工作品牌方面深入挖掘。三是补短板。重点是对自身认为存在不足并存在重大风险隐患的事项、群众反映迫切亟须整改的事项等方面深入查摆。

第三，高标准实现争先创优目标。一是科学分析关键指标。寻找在争先创优过程中，最有价值的、牵一发而动全身的指标指数，将其纳入标杆管理。二是建立指标体系。仔细甄别各类指标指数，按照指标和“核心战斗力”之间的关联度进行分类分级，建立一级、二级、三级指标体系，形成指标网。三是开展重点攻坚。设立 OKR 攻坚计划，项目化推进难点攻关、指标提升，形成最佳实践。

（三）标杆管理法的生动实践

通过标杆管理工作的谋划，清醒认识目前与先进地区相比还存在的短板和差距，进一步坚定信心，迎难而上，登高望远、见贤思齐，对标先进、奋勇争先，不断提升湖州公安的核心战斗力。

一是加强组织领导。标杆管理得到了湖州市公安局党委的高度重视，并上升为全警统一的意志，各地各部门的主要负责人全力研究落实此项工作，提升标杆管理，适应标杆管理引起的变革，从宏观环境的要求、公安的使命担当以及发展的需要等维度，认识到其必要性并不断超越，为对标先进做好充分的思想准备和组织保障。

二是科学选标对标。经过比较分析和综合衡量，“三大警务”“八大体系”共寻找对标指标指数31个，对标事项26个O，78条KR。部门选取的指标大多是衡量本地本部门公安业务的主要指标、关键指标，重点考虑与对标城市警种剪刀差较大、有较大的努力空间的业务数据指标。科学选取指标后，邀请浙江省公安厅业务线上的专家和本市业务线上的精英作为业务专家，一起审定标杆计划的难度系数。通过与专家一起审定数据指标的收集计划，确保对标指标的方向更为精准。

三是高效落地执行。运用标杆管理，科学遴选对标城市，准确把握有效关键指标，将其纳入OKR管理。通过比学赶超、持续改进，引领现代警务高质量发展。比，选定的指标找标杆进行对标；学，进行标杆方面的学习，对标的过程是一个寻找差距的过程，要分析研究；赶，找到差距以后，要分析差距产生的原因，制订行动计划和改进计划，进而迎头赶上；超，当与对标城市的差距明显缩小以后，要形成新的标杆。

各部门自行规划对标城市并建立质量发展的“坐标系”，如吴兴区对标嘉兴桐乡市，长兴县对标绍兴上虞区，织里镇对标温州龙港市，合成作战中心对标安徽芜湖市，治安管理支队对标杭州市，通过网上调研、实地考察找到差距、启发思路、激发干劲。标杆管理促成了一大批优质项目，比如，聚焦亚运安保实战业务，湖州市公安局安保办主导的“数字孪生”、特警支队主导的“无人机伴飞”等一批对标项目，真正做到了引进来、落下去、动起来，实战效果远超预期。

三、平推管理——摆脱拖延，激活组织“自发力”

平推管理是一种全面、平衡、有序的管理方法，它通过对组织全方位、全过程的管理，提高组织的整体效率和效益，激活组织自发动力。

一是党委示范，做引领。“上为之，下效之”，领导带头抓落实、抓执行，既表明一种态度和决心，又彰显领导的示范和引领。近年来，湖州公安党委班子平常时刻敢说“看我的”，关键时刻叫响“跟我上”，从不做表面文章，从不吹半点虚功，啃下一个个难啃的“硬骨头”，攻下一个个难攻的“堡垒”，取得了“护航营商环境‘好案例’、实干争先主题实践‘奔跑者’”等佳绩，呈现出市局领导乐当“领头雁”、中层干部勇当“主力军”、广大民警争当“主人翁”的新局面，共同奏响一曲曲慷慨激昂、出新出彩的奋进之歌。

二是精兵联合，提战力。“无战不联，无联不胜”，一体化联合作战，已经成为湖州警务一种运行新模式。湖州市公安局党委抓住矛盾的特殊性，对于重大案件、重点项目、重大任务，通过缩短责任链，责任包干到团队。推动年轻科级干部“压担子，促成长”，推行“一项工作、一个专班、一抓到底”工作法，激励年轻干部在攻坚赛场上担当作为、比拼争先。通过头脑风暴引领攻坚、集中精兵攻坚、政策扶持攻坚，这种扁平、高效、精准的平推管理法，在“公安大脑”建设、未来派出所和未来交警中队创建等攻坚项目中，发挥出“四两拨千斤”的强大效能。

三是挂图作战，稳推进。“多少事，从来急；天地转，光阴迫。一万年太久，只争朝夕。”湖州公安始终保持对时间的紧迫感和对使命的责任感，锚定工作目标不放，对标对表，挂图作战，通过OKR管理法、平推管理法将目标任务分解为最小颗粒度，稳步推进，实行月、季、半年度、年度的定期实绩亮晒，评定“骏马”“蜗牛”奖。切实做到全过程可控、可视、可考。

运用好上述三大管理工具，既要有宏观层面的大局把控，又要有微观层面的精准推进；既要体现湖州市公安局党委的引领，又要体现分管领导和业务处室的赋能；既有管理的热度，又有关爱的厚度。只有聚焦难点精准施策出真招，抓住重点持续发力用实招，将执行力作为做好工作的强力引擎，方能积小胜为大胜，打赢各项攻坚战。

OKR 管理法

标杆管理法

平推管理法

PART 3

与美共进篇

第八章

“美丽警队”建设的经验与启示

习近平总书记强调，全面推进美丽中国建设，加快推进人与自然和谐共生的现代化。近年来，湖州公安始终聚焦“美”的愿景，在党政支持、部门协作、全警奋进下，持续深化“美丽警队”建设，在公安工作现代化的路途上探索前进。**护美绿水青山，让湖州大地更美丽。**以生态警务统筹生态环境领域打击、防范、治理、服务等各项工作，助力湖州“无废城市”指数全省第一、美丽浙江考核“十一连优”、“五水共治”九夺“大禹鼎”。**回应群众期盼，让人民生活更美好。**连续14年开展“惠民惠企十大行动”，近三年刑事发案、道路交通亡人事故年均分别下降5.42%、5.93%，人民群众安全感、认可度年均达98.31%、97.91%，位居全省前列。**营造争先氛围，让公安形象更美誉。**湖州市公安局先后获评“全国文明单位”“全国节约型机关建成单位”“全省市级公安机关综合实绩评估优秀单位”荣誉称号，连续6年夺得市级机关综合考评一等奖。

第一节 “美丽警队”建设的经验

经过多年来的探索和努力，湖州公安在“美丽警队”建设上取得了一些成绩，得到了党委政府、人民群众和公安民警的普遍认可和高度赞誉。更重要的是，湖州公安在实现“三个更美”愿景目标的路上，保持敏锐的观察力和思考力，通过总结实践规律的特点，收获了宝贵的经验。

一、顶层设计是“美丽警队”的核心引领

湖州市公安局党委十分注重顶层设计，把公安工作现代化放在整体治理的架构下来推进，形成大警务观、大治理观。聚焦“湖州大地更美丽、人民生活更美好、公安形象更美誉”愿景目标，以“公安大脑”建设为总牵引，找准在加快打造“六个新湖州”中的改革攻坚赛道，深度融入高水平建设生态文明典范城市，积极构建以“核心战斗力 + 三大警务 + 八大体系”为主要架构的具有湖州辨识度的现代警务新体系，深入推进“在湖州看见美丽警队”奔跑行动，全

面提升公安队伍核心战斗力和公安工作现代化水平，全力实现从优秀到卓越，为生态文明立市、创新发展强市、改革开放兴市，谱写中国式现代化精彩湖州篇章，努力呈现美丽中国“集成之地”“浓缩之地”“经典之地”美好图景保驾护航、贡献力量。事实证明，顶层设计清晰、目标明确，湖州现代警务新体系建设就有了根基和方向。

二、警务改革是“美丽警队”的时代指引

“公安大脑”建设是全面深化公安改革的总抓手。警务智能化的实质就是向科技要警力、要战斗力，通过科技赋能、数字赋能、智慧赋能，提高公安机关在动态环境下驾驭社会治安局势和防范化解社会风险的能力。通过警务智能化，运用数据、系统、平台，特别是人工智能技术，使现代警务工作更加智慧、聪明，从而有效降低警务成本、解放警力资源，促使公安工作向科技密集型、质量效能型转变，实现警务资源配置和使用的集约化，这种集约化主要体现在人力资源、物资装备、信息收集应用等方面，大数据应用则为此提供了有利条件。

推动现代警务模式不断发展创新至关重要。实践中湖州公安以未来派出所建设推动公安工作系统性重塑、整体性变革。未来派出所以对党忠诚为统领，深度融合新时代“枫桥经验”，依托数字化改革牵引和“主防”职责定位下警务机制变革重塑，以数据计算分析、

知识集成应用、逻辑推理判断为核心的智能化系统，建成具有生态化、智能化、人本化和未来感的中国式现代化基层社会治安为主的作战单元。这一做法启示我们，警务方法手段的智能化既是破解现代警务难题的必然选择，更是构建现代警务模式的强大支撑。

三、共治共享是“美丽警队”的实践牵引

在构建现代警务新体系的实践和探索过程中，湖州公安着眼于整个社会治理的角度来部署和推动，把公安工作现代化作为社会治理现代化的有机组成部分，这也恰是公安机关融入基层社会治理的体现。湖州公安在探索构建现代警务模式过程中，积极融入社会治理，立足于推进市域治理现代化的高度来规划、部署和推动。参与治理的本质是发挥人在现代社会治理中的主体作用，体现人在社会治理中的主体价值。现代警务模式倡导人力与科技的有机结合，因为在现代警务模式的核心要素中，人是最根本和最关键的要素，其他一切要素包括科技要素，都必须通过人发挥作用。现代社会治理理念强调以人为本，重视人在社会治理中的主体价值，强调公众在社会治理中的作用。参与式治理是一种在全球范围内广泛兴起的新型治理模式，是我国地方治道变革的新趋向，也是实现“善治”目标的重要途径。警务社会化不仅有利于促进警察职能的转变，实现从“全能警察”向“有限警察”角色的回归，更为重要的是，警务社会化能够有效调动社会力量参与公共安全治理的积极性，在弥补公共资源不足的同时，提升社会力量在公共安全治理中的地位和作用，有

利于打造共建共治共享的社会治理格局。实践证明，现代警务模式中的参与式治理可以有效调动基层社会力量，是支撑现代警务有效运行的重要方式。

四、品牌建设是“美丽警队”的高地吸引

湖州公安通过不懈奋斗已经打造了“在湖州看见美丽警队”警务品牌，并持续深化完善，在全国地市级公安机关中已具有较大的影响力。湖州是“绿水青山就是金山银山”理念的诞生地和创新地，生态警务的先行地和试验地，实施生态警务的先进经验很大程度上源于湖州。因此，湖州现代警务模式的构建应该立足湖州独具优势，面向全国、放眼世界，坚持发展和完善，不断丰富生态警务内涵、拓展其外延，并结合智慧警务与人文警务，集成打造现代警务新体系的湖州样板。现实证明，“在湖州看见美丽警队”这一湖州公安品牌的打造，凝聚了警心，激发了干劲，铸就了业绩。

第二节 “美丽警队”建设的启示

在“美丽警队”建设中，湖州公安坚持“摸着石头过河”，加强战略定力，不失时机、蹄疾步稳深化重要领域和关键环节改革，注重系统性、整体性、协同性，边实践、边总结，在湖州公安实践经验的基础上归纳提炼出具有普适性的“九个有机统一”的启示。

一、牢牢把握大平安格局与公安主力军的有机统一

习近平总书记强调，“各地区各部门要各司其职、各负其责，密切配合、通力合作，勇于负责、敢于担当，形成维护国家安全和社会安定的强大合力”。① 大平安格局的构建，离不开公安机关主动作为，公安机关充分发挥主力军作用，也将推动大平安格局的形成。公安机关唯有通过苦干实干，才能最大限度地赢得党委政府的关心重视、人民群众的支持参与，才能最大限度地推动其他部门主动履

① 《习近平：切实维护国家安全和社会安定 为实现奋斗目标营造良好社会环境》，载《人民日报》2014 年 4 月 27 日，第 1 版。

职，才能最大限度地减轻兜底的风险和压力，最终形成大平安格局。近年来，湖州公安责任上肩、主力上阵，在基层治理中，推动“110”和“12345”湖州政务服务便民热线互联互通，将非紧急非警务类警情分流至基层综合治理“四平台”，助推矛盾纠纷源头预防化解；在反诈工作中，推动市委书记、市长担任打击治理电信网络诈骗犯罪工作领导小组“双组长”，通过反诈联席办聚合部门、行业，形成全民反诈、全社会反诈的格局；在亚运安保中，推动党委政府开启社会面大巡防，各职能部门积极协作配合，保安协会主动上交请战书、立下军令状，群防群治力量主动参与矛盾纠纷化解，形成了具有湖州辨识度的“大安保”工作格局。实践证明，只有坚持大平安格局与公安主力军的辩证统一，才能主动作为，动员各方积极参与，促成全社会力量有效整合，形成推动工作的强大合力。

二、牢牢把握目标导向与问题导向的有机统一

习近平总书记强调，“要坚持问题导向和目标导向，坚持系统观念，着力固根基、扬优势、补短板、强弱项，推动经济社会全面协调可持续发展”。[①] 问题是目标生成的依据，目标是问题解决的结果设定。问题导向强调发现和分析问题的自觉和方法论，目标导向强调解决问题的担当和实效。目标导向与问题导向是一对相互衔接的命题，两者相互配合、相互促进、相得益彰，而不冲突抵触。近年来，湖州公安锚定“三个更美”愿景目标，聚焦党委政府、人民

① 习近平：《习近平谈治国理政》（第 4 卷），外文出版社 2022 年版，第 120 页。

群众、公安民警关注的问题，迎难而上、迎刃而解，最终实现“三个提升”。大力推进生态警务，通过构建“生态警长”守护体系、布建生态警务联勤共治工作站，打造生态警务协同智治平台，在护美绿水青山上展现公安作为，提升了党委政府的认可度；深入开展“途安”系列行动，交通事故死亡人数逐年下降，助力湖州实现平安建设“十六连冠、金鼎加星”“一窗通拍、全域应用”全市区县点位全覆盖，实现了拍一次证件照就能满足各部门、各场景人像照片需求的便民效果，提升了人民群众的满意度；坚持完善练兵比武、“三能”“四星”争创等机制，推动“群英”现象增质增量，提升了公安民警的感知度。实践证明，只有坚持目标导向与问题导向的辩证统一，才能明确工作任务、压实工作作风、取得工作实效，在正确的方向和道路上不断前行。

三、牢牢把握系统与要素的有机统一

习近平总书记强调，“坚持创新发展，既要坚持全面系统的观点，又要抓住关键，以重要领域和关键环节的突破带动全局”。[①] 现代系统科学认为，任何一个事物，不论其范围大小，在特定的条件下，都可以看成一个系统。一定数量的相互联系的要素所组成的、具有特定功能的有机整体即为系统。可以说，系统是整体，要素是局部，两者相互联系、相互作用。无论是习近平总书记的重要论述，还是

① 《习近平在省部级主要领导干部学习贯彻党的十八届五中全会精神专题研讨班上的讲话》，载人民网 2016 年 5 月 10 日，http://jhsjk.people.cn/article/28337020。

现代系统科学理论，都告诉我们，抓工作要大处着眼、小处着手，即考虑问题、谋划工作，一定要从系统性、全面性、战略性上去把握，而具体实践过程中，则需要通过一件件实际工作任务的落实来最终实现。比如，湖州公安锚定习近平总书记“绿水青山就是金山银山”理念诞生地公安机关的目标定位，系统谋划推进了生态警务建设。从2013年在全省率先成立食品药品环境犯罪侦查支队，率先推行“河道警长”制开始，不断拓宽“警长”内涵外延，逐渐建立起以河道、湖泊、林区、矿区、市场、路段、项目、景区八大警长为主体的“生态警长”体系，并于2020年将食品药品环境犯罪侦查支队更名为环境犯罪侦查支队，更加突出生态理念，通过三年来的不断迭代升级完善，逐步搭建形成了以“五全体系”为“四梁八柱”的生态警务框架体系，生态警务建设成为具有湖州公安辨识度的金名片。实践证明，只有坚持系统与要素的辩证统一，才能多维度分析问题、全方位把握联系，增强发展的整体性、协调性，释放高质量发展内生动力。

四、牢牢把握出思路与抓落实的有机统一

习近平总书记强调，“要靠深入调查研究下功夫解难题，靠贴近实际和贴近群众的务实举措抓落实，确保党中央决策部署落地生根”。[①]出思路与抓落实是两种同样重要的工作方法，如“车之两轮”“鸟

① 《习近平：全面贯彻落实党的十九大精神 以永远在路上的执着把从严治党引向深入》，载《人民日报》2018年1月12日，第1版。

之双翼”，不可偏废或缺。思路是工作的着眼点，是指导方向；落实是工作的落脚点，是实现路径。思路是否清晰、准确、富有创造力，直接关系到落实的方向和效果；落实的过程是否顺利、高效，直接检验思路的科学性和生命力。近年来，湖州公安锚定新时代公安工作的历史方位，立足本地工作实际，通过不断的调查研究，谋划部署了一项项重大战略举措，如“三大警务”建设、“市县主战、派出所主防、全警主训”工作等。一分部署，九分落实。战略目标确定之后，重点还是项目任务的落地推进，具体方法上，湖州公安又采取了OKR工作法、平推工作法、标杆工作法三大管理推进方法，以此来抓好一项项具体工作任务的落实落地落细，至此“湖警智治·芯大脑”“e企安·365”工作体系等一项项标志性项目不断在湖州开花结果，在全省乃至全国有影响。实践证明，只有坚持出思路与抓落实的辩证统一，才能深入调研、科学谋划、有效推动工作，走出一条正确的、适合自身发展的道路。

五、牢牢把握守正与创新的有机统一

习近平总书记在党的二十大报告中强调，“守正才能不迷失方向、不犯颠覆性错误，创新才能把握时代、引领时代”。守正是立，重在规则程序；创新是破，重在突破创新，坚持守正创新就是要将“破”与“立”辩证统一起来。近年来，湖州公安始终践行全心全意为人民服务的根本宗旨，在“社区警务”工作基础上创新推出“家园卫士”“惠民十大行动”，并于2023年将“惠民十大行动”升格为“惠民惠企十大行动”；紧盯企业所需所想，在继承和发展“枫桥经验”的基础上，创新推出“e企安·365”工作体系，助力企业实现自治、法治、共治，切实降低社会管理和服务成本；始终坚持科技兴警，升级精确警务，依托“公安大脑”建设，打造“湖警智治·芯大脑”“湖警芯服务”，数字赋能公安工作再上台阶。实践证明，只有坚持守正与创新的辩证统一，才能一步一脚印地走好走稳公安改革的路子，才能在守正中寻求突破、扬帆远航，在创新中把稳舵盘、保持航向。

六、牢牢把握“功成不必在我”与“功成必定有我”的有机统一

习近平总书记强调，“各级领导干部要有功成不必在我、功成必定有我的境界，不要搞急功近利的政绩工程，多做一些功在当代、利在长远、惠及子孙的事情”。[①]“功成不必在我”反映的是不贪一时之功、不图一时之名，不急于求成、不急功近利的胸怀；“功成必定有我”反映的是首战用我、用我必胜，只争朝夕、勇于担当的抱负。有“功成不必在我”的胸襟就必定能实现“功成必定有我”的抱负，有“功成必定有我”的抱负就一定能做好“功成不必在我”的工作。近年来，湖州公安侦破多起命案积案，如果没有当年细致的现场勘查、痕迹物证提取这些基础工作，就不可能有“功成必定有我”的喜悦；连续3年举办“辅警、民警、

① 张晓松、朱基钗、杜尚泽:《蹚出新路子　书写新篇章——习近平总书记山西考察纪实》，载《人民日报》2020年5月14日，第1版。

教官”大比武和新警大比武，创新开展湖州市法治公安建设主题擂台赛、“红蓝攻防”对抗赛等活动，如果没有“功成不必在我”的精神境界，就不可能把大量精力投入夯基固本、久久为功的教育训练工作。实践证明，只有坚持“功成不必在我”与“功成必定有我”的辩证统一，才能脚踏实地，做打基础、利长远的事，创造经得起历史和人民检验的实绩。

七、牢牢把握人文内驱与管理外驱的有机统一

习近平总书记强调，“好干部是选拔出来的，也是培育和管理出来的”。[①] 人文内驱是以人为本的文化对发展前进带有指向性的推动力量，侧重于激发人的主观能动性，是从内因维度推动工作；管理外驱的核心是政策、制度和标准，侧重于提升人的工作目标感，是从外因维度推动工作。两种方式相辅相成、不可或缺。近年来，湖州公安一方面创新人文警务，锚定“在湖州看见美丽警队”目标，通过“20 起航、30 扛旗、40 奋进、50 强基”等行动，促使各年龄各岗位的公安民警统一思想、聚合力量，向着同一个目标发力前进；另一方面研究制定符合湖州公安实际的考核机制，每月评选“骏马”“蜗牛”单位，并以 OKR 工作法、标杆管理法、平推管理法等方法强化目标管理，推动从优秀走向卓越。实践证明，只有坚持人文内驱与管理外驱的辩证统一，才能将内因和外因统筹结合，将“要我做”和“我要做”合二为一，从而形成推

① 习近平：《习近平谈治国理政》（第 4 卷），外文出版社 2022 年版，第 505 页。

动工作的最强合力。

八、牢牢把握从严治警与从优待警的有机统一

习近平总书记强调，从严治警一刻都不能放松。同时，习近平总书记指出，对这支特殊的队伍，要给予特殊的关爱，政治上关心、工作上支持、待遇上保障，全面落实从优待警措施。[①] 严与爱历来是带兵治军之道，两者互为因果、相辅相成。从严治警与从优待警互为依托、不可分开。从严治警是从优待警的前提，从优待警是从严治警的保障。近年来，湖州公安坚持“严就要严到心惊肉跳，爱就要爱到意想不到”的队伍管理理念，一手抓从严治警，刚性落实新时代政法干警“十个严禁”、公安部严禁违规宴请饮酒“六项规定”、湖州公安“八项战时纪律规定”等警纪警规，坚决防止违纪问题发生，强化党委管审议审机制，成立中共湖州市公安局委员会审计委员会，充分发挥审计“利剑”作用，将内部监督贯穿到全面从严管党治警全过程，助推“清廉公安”建设；一手抓从优待警，聚焦爱警暖警惠警小切口，先后推出“爱警十大行动”和“爱心早餐”“暖心被窝”“安心警营”等爱警举措，创新开展“警宝”夏令营以及“战时警托”，切实解决民警后顾之忧。实践证明，只有坚持从严治警与从优待警的辩证统一，才能促进民警自觉严于律己，最大限度地调动队伍积极性，锻造高素质过硬公安铁军。

---

① 《习近平：坚持政治建警改革强警科技兴警从严治警　履行好党和人民赋予的新时代职责使命》，载《人民日报》2019 年 5 月 9 日，第 1 版。

九、牢牢把握市县主战与派出所主防的有机统一

2022 年 8 月，公安部在全面深化公安改革推进会上要求，要按照“党委领导、部级抓总、省级主责、市县主战、派出所主防”的思路，明确不同层级的职能定位。市县主战就是市县两级公安面对治安新形势、违法新态势，要有“主角”的靠前担当意识，要以“主动”姿态参与一线作战，必须坚持“主战中心”统筹“芯大脑”的逻辑不变，形成新一代情指行“主战中心”；派出所主防要明晰警种与派出所之间的界限，推动警务工作体系重塑，持续激活基层善治原动力，从源头上预防和遏制犯罪行为发生。一方面，湖州公安不断做强做优市县两级新一代情指行“主战中心”，以“情指行”一体化运行机制为牵引，统筹推进职能优化、资源整合、流程再造，催生机制层面的化学反应，提升警务运行质效；另一方面，基层所队围绕“一室 + 两队 +N 站”这一架构，进一步厘清“责、权、力”三个关键，不断深化践行“防控优先”理念，走出了一条勇敢探索“未来派出所”的新路子。实践证明，只有坚持市县主战与派出所主防的辩证统一，聚焦职能定位，明确差异化任务分工，才能打造一支敢胜、制胜、完胜的战队。

毛泽东同志曾形象地指出，“我是靠总结经验吃饭的”。总结过去，目的就是在对过去的深入思考中做好现实工作、更好走向未来。面向未来，既是对过去正反两方面经验的继承，不拘泥于已经取得的

成绩，也是根据时代的变迁、社会的发展、人民的需要不断进行自我完善。如今，“未来社区”“未来乡村”等“未来”系列概念逐渐进入大众视野，引发了湖州公安对“未来警务”的无限思考。当下是过去的未来，未来是将至的当下。“未来警务”不是空中楼阁，它一定是脱胎于过去、立足于当下的。湖州公安“未来警务”的蓝图还在擘画当中，没有人能定义“未来警务”的样子，但是它一定能够更好呈现“在湖州看见美丽警队”的样子。

“严就要严到心惊肉跳，爱就要爱到意想不到”

第九章
“美丽警队”的未来展望

习近平总书记强调，“一切伟大成就都是接续奋斗的结果，一切伟大事业都需要在继往开来中推进。新时代必将是大有可为的时代”。[①] 大道如砥，初心不怠；韧者笃行，韧则行远。新的发展阶段和历史条件下，“美丽警队”建设必须要进一步聚焦“市县主战、派出所主防、全警主训”的战略布局，持续做好系统谋划、统筹兼顾、整体推进的工作，坚定不移走好中国特色社会主义强警之路，丰富完善具有湖州辨识度的现代警务新体系建设，不断推进公安工作现代化和公安队伍革命化、正规化、专业化、职业化水平。

① 《习近平在国家勋章和国家荣誉称号颁授仪式上的讲话》，载《人民日报》2019年9月30日，第2版。

第一节 “美丽警队”面临的机遇和挑战

任何事物美无止境，没有最美，只有更美。立足形塑于外，质固久远既是一种追求，更是一种境界。建设“美丽警队”是一项长期、复杂的系统工程，在持之以恒抓“美丽警队”建设，追求内在美与外在美有机统一的过程中，必然面临各种机遇和挑战。

一、建设“美丽警队”面临的机遇

（一）深化“美丽中国”建设的政治和时代使命产生新动力、创造新机遇

“美丽中国”建设永远在路上，既是政治使命，也是时代使命。深化“美丽中国”建设旨在实现人与自然和谐共生，推进中国式现代化的如期实现，这一重大政治和时代使命为“美丽警队”建设提供了新的发展和迭代机遇。深化“美丽中国”建设所产生的新动力必然对“美丽警队”建设产生巨大的助推作用，继而推动“美丽警队”

建设提档升级。

其一，提升警务服务管理水平成为“美丽警队”建设新契机。“美丽警队”建设要求警务工作更加注重人民群众的需求，既重管理，也重服务，以此增强人民群众获得感和幸福感。在此背景下，湖州公安更加积极地加强与社会各界的沟通合作，形成共建共治共享的社会治理格局，实现社会和谐稳定。

其二，提升警务法治理念水平成为“美丽警队”建设新契机。“美丽警队”建设要求警务工作注重法治精神，强化法治理念，坚持依法办事，提升警务工作的法治化水平。为此，湖州公安通过深入学习、掌握和运用法律法规，增强法治观念，严格公正执法。同时，加强对群众的法治宣传教育，群众将进一步提高法治意识，更加自觉遵守法律法规，自觉维护社会秩序。

其三，提升科技创新应用水平成为“美丽警队”建设新契机。“美丽警队”建设要求提升警务工作智能化水平，这就更加需要注重科技创新，运用现代科技手段提升警务工作效率和水平，坚持走好科技兴警之路。例如，利用大数据、云计算等技术手段的应用将提高警务信息的采集、分析、应用能力；物联网、无人机等技术手段的运用，也能提高警务巡查、监控、应急响应能力。

其四，提升公安队伍建设水平成为“美丽警队”建设新契机。“美丽警队”建设要求加强队伍现代化建设，培育一支政治坚定、业务精湛、作风优良、纪律严明高素质公安队伍。总之，深化“美丽中国”这一政治和时代使命必然要求公安队伍现代化，从而推动“美丽警队”建设之迭代升级。

（二）深化湖州品牌建设的现实和历史使命产生新张力、创造新机遇

“在湖州看见美丽中国”是“美丽中国”建设大背景下全市上下共同的现实和历史使命，既是忠实践行“绿水青山就是金山银山”理念的务实之举，也是“美丽中国”建设在湖州落地生根的重要途径，既具现实意义，更具历史意义。在“八八战略”指引下，湖州坚持举生态旗、走生态路，把生态作为最大特色、绿色作为最靓底色，唱响“绿水青山就是金山银山”理念诞生地、美丽乡村发源地和绿色发展先行地交响乐，湖州由生态“高颜值”向经济“高价值”转变。通过品牌建设惠及百姓幸福指数，不断在美景中注入新活力、孕育新经济、催生新幸福，诠释和实现了“绿水青山就是金山银山”理念引领下的逐绿前行、因绿而兴。湖州公安作为党委政府的重要窗口，置身于这样的深厚底蕴和浓厚氛围，无疑是深化湖州品牌建设的生力军和主力军。高质量推动“在湖州看见美丽中国”品牌建设，关乎湖州社会治安稳定和人民安乐，也关乎湖州的经济发展、民生幸福、生态文明、城市形象等社会责任。随着“在湖州看见美丽中国”品牌建设的推进，必然带来“美丽警队”建设发展和迭代新契机，

也反哺和推动湖州品牌建设，给予“美丽警队”建设更为广阔的发展平台。

首先，品牌建设要求提升城市形象，从而推动“美丽警队”建设。“美丽警队”作为“在湖州看见美丽中国”不可或缺的重要组成，不仅是缩影，而且是亮点，为公众所关注和瞩目。展示湖州公安的良好形象，提高其在国内外的知名度，能够提升城市形象，助推投资环境的改善，吸引更多的投资和游客，从而促进湖州经济发展。同时，良好的公安形象也有助于提高湖州的美誉度，为其品牌建设提供有力的支持。

其次，品牌建设要求改善社会治安，从而推动“美丽警队”建设。警察队伍是维护社会治安的重要力量，品牌建设必然要求良好的治安环境和社会稳定，增强人民群众对警队的信任度和依赖感，这就要求进一步推进“美丽警队”建设。“美丽警队”利于提升警察队伍整体素质和公众形象，更利于社会治安的稳定和发展环境的创造。

最后，品牌建设要求警队提质增效，从而推动“美丽警队”建设。警务工作提质增效离不开优秀人才的支撑，在城市品牌建设进程中，湖州公安首先要立足“美丽警队”建设，使之成为融入品牌建设中的“品牌”。“美丽警队”建设能更好地吸引优秀人才加入队伍，优化湖州警队人才结构，提高警察队伍整体素质。同时，“美丽警队”建设能够推动湖州警察队伍与现代科技、文化创意等产业的融合发展，为湖州产业升级提供新的动力。

因此，品牌建设给予“美丽警队”发展更多的机遇和平台，也为“在湖州看见美丽中国”品牌建设注入新的活力。

（三）深化“三个更美”愿景的新时代公安使命产生新活力、创造新机遇

“湖州大地更美丽、人民生活更美好、公安形象更美誉”是湖州公安在“美丽中国”建设、“在湖州看见美丽中国”品牌建设的基础上绘就的愿景蓝图，彰显时代味、湖州味和公安味，是“绿水青山就是金山银山”理念在公安部门的落地生根、开花结果。“三个更美”愿景是湖州警务工作的目标定位和追求，贯穿在湖州公安工作和队伍建设的始终。

其一，深化“三个更美”愿景提高警务透明度和公信力。“美丽警队”建设离不开提高警务工作透明度和公信力，让公众更了解公安工作的日常运作和成果，将有助于提升公众对公安工作的认同感和信任度，从而为公安机关更好地开展工作提供有力支持。同时，提高警务透明度也有助于消除社会对公安工作的误解和疑虑，增强社会的和谐稳定。

其二，深化“三个更美”愿景推动科技创新和应用。“美丽警队”

建设将更加注重科技创新和应用，推动公安工作现代化。例如，利用大数据、人工智能等技术手段，可以有效提高警务工作效率，提升犯罪打击能力。此外，科技应用还可以帮助公安部门更好地分析研判社会治安形势，为决策提供科学依据。

其三，深化“三个更美”愿景推动与社会的合作与交流。积极推动公安部门与社会各方面的合作与交流，关注民生问题，参与社会治理，共同维护社会稳定和谐，形成共建共治共享的社会治理格局是“美丽警队”建设的必由之路。

二、建设“美丽警队”面临的挑战

“美丽警队”建设不但需要嵌入时代大背景，而且需要全警动员、全程参与，由于其建设内容涵盖公安队伍建设和公安业务，贯穿于警务工作全过程，不可避免地面临理念转变、路径创新和人才储备等方面带来的挑战。

“美丽警队”建设面临理念转变之挑战。理念的转变包含从权力本位向法治观念转变、从管理者向现代型服务者转变、从机械执法向文明执法转变、从守旧思想向创新思维转变等。建设“美丽警队”需要展示警察美的形象，强化社会主义法治观念和纪律意识，让警察始终在法律的框架内规范行使公权力。建设“美丽警队”需要强化服务观念和意识，践行以人民为中心的发展思想。建设“美丽警队”

需要强化文明执法观念，让警察始终遵循法律法规开展警务活动。建设“美丽警队”需要强化创新思维，鼓励警察敢于创新、勇于实践，不断提高警务工作的科学化、智能化、数字化治理水平。总之，建设“美丽警队”，既是一场思想观念革新，也是一场警务改革实践。

“美丽警队”建设面临创新路径之挑战。创新路径包含体制机制创新、法治建设创新、服务模式创新、队伍建设创新等。建设“美丽警队”是一个动态的过程，唯有不断创新手段，体现“美丽警队”建设的与时俱进，不断注入生机和活力，才能充分增添建设“美丽警队”新动能，推动“美丽警队”建设再上新台阶。建设“美丽警队”需要打破传统束缚，克服传统观念和体制机制障碍，推动现代化警务改革，实现警务资源优化配置，提高警务效能。警务工作需要从过去的“治安管理”向“社会治理”转变，提高警务工作的智能化水平，这就要求警察队伍不断创新服务模式，提高服务质量，加强警察队伍的培训和教育，提高警队业务能力和综合素养。同时，还要加强队伍激励机制，激发警察的工作积极性和创造性。一言以蔽之，“美丽警队”建设是一项系统工程，需要不断进行改革创新，使警察队伍更好地适应新时代发展需求，为人民群众提供更加优质、高效的警务服务。

“美丽警队”建设面临人才储备之挑战。人才储备包含公安人才结构、警队培训体系、警员选拔激励等工作。提升警察队伍整体素质和形象，需要重视人才的培养、选拔、管理。围绕实战、实用、实效，立足教材、教官、教法等内容，完善培训体系，创新培训方式，提高警察的业务能力和综合素质，同时建立健全激励机制，提高警察队伍的政治待遇和经济水平，最大限度地激发警队的积极性、创造性。

做正确的事

正确地做事

把事做正确

第二节　“三个未来”助推“美丽警队”持续升华

“美丽警队”建设没有“休止符”，只有“进行曲”，其建设过程具有长期性、系统性、动态性等特点，因此“美丽警队”建设不是一蹴而就的“短跑”，而是一项道阻且长的“长跑”，有着螺旋式上升的迭代过程，必须不断创新、持续发力、久久为功、善作善成。那么，“美丽警队”建设又如何实现螺旋式上升、迭代式推进呢？湖州公安进一步丰富了“美丽警队”建设的“套餐”，以“三个未来”作为撬动其迭代完善的支点。

一、以“未来警务”为抓手打造“美丽警队”升级版

警务工作随着时代变迁、形势变化而变化，与其所处的或未来的治安环境相适配是警务工作模式赖以生存和发展的基础，也是其具有生机和活力之前提。动态研究和科学调整警务工作和运作模式，是公安机关面临的永恒课题。

（一）深刻理解警务概念的动态性

《人民警察法》对警察的职责作出了明确规定，但国家安全、社会治安秩序、公民合法权益均为高度概括的抽象概念，警务的内涵与外延是跟随社会的发展变迁而动态发展的，需要以公安工作现代化发展为指引来具体理解警务的动态发展特性。**如 2021 年全国公安厅局长会议上就提出，要加快构建适应新发展阶段要求的现代警务体系，**这就需要未来警务以公安工作现代化发展为要求，提高对新型警务的应对与处置能力。因此，湖州公安将以公安工作现代化发展为动力，以社会治理为己任，积极回应警务之变，切实把握时代特征，注重以人为本，以主动改革创新的姿态，生动诠释人民警察的职责与担当。

（二）深刻认识警务功能的能动性

《人民警察法》定义了人民警察的任务，这自然也是警务的功能，但对警务功能的理解不能仅限于法律文本“为了维护国家安全和社会治安秩序，保护公民的合法权益”的字面含义，而应理解其还包含公共服务这一深层目的与功能，因此需要不断优化警务的公共服务功能。强化警务公共服务功能最核心的要素就是要提升警务的能动性，既要提供警务公共服务的普遍性，即普遍服务主体所提供的服务应当是人们用得起和用得到的；还要提供警务公共服务的一致性，即其所能够提供服务的质量、数量等内容对所有人一致。[①]

（三）深谋发展警务模式的协同性

协同共治理念是政府治理更契合服务企业和公众的必然需要，也是推动国家体制机制变革创新的重要因素。政府系统内的不同机构之间，不仅存在权力制衡，还需要良好的协同合作。与此同时，政府系统与公众、企业等外部系统之间，不仅存在监督制衡关系，也存在协同合作关系。[②]前期湖州公安在生态等重点领域探索了从全警到全民，从单一权力管制到权力权利协同共治的警务模式，取得了斐然成效。这一探索正是适应时代变革与民众需求所创新的警务治理模式。未来发展中，湖州公安应将生态警务领域中协同共治模式的成功经验逐步推广至警务全领域，从政府间不同职能部门的合作到社会治理中公众、企业、政府之间的有效沟通机制，并将前两者结合起来促进公安工作现代化发展。

二、以“未来警营”为抓手打造“美丽警队”升级版

在大数据思维引领下，湖州公安将智慧警务与现代警营建设深度融合，围绕“芯大脑”理念提出“芯”警务概念，积极探索现代警营建设。

① 参见吴鹏：《电力法上的普遍服务法律义务探析》，载《法治社会》2018 年第 1 期。

② 参见钭晓东：《论权力与权利之协同共治——环境保护体制机制的变革》，法律出版社 2021 年版，第 51 页。

（一）“芯”警务概念及体系

“芯”警务作为三大警务的集成，是公安现代化发展到高级阶段的一种警务形态，它的内涵包括忠诚、人本、数字、绿色四大属性。忠诚是政治属性，人本是价值属性，数字是智慧属性，绿色是生态属性。“芯”警务主要通过云计算、大数据、物联网、人工智能、数据挖掘等新一代信息技术，整合公安信息数据资源，高度集成公安业务系统功能，以提供高效、精准、智慧化的公安决策与快捷、绿色、个性化的便民服务。

结合“芯”警务的内涵与外延，湖州公安立足本地实际，以安吉县公安局孝源派出所为试点打造“芯”警务，落地建设未来派出所，提出了全国首个未来派出所建设的地方标准。**在具体实践中，围绕“芯”勤务、“芯”执法、“芯”治理、“芯”服务、“芯”警营五条跑道，构建特色派出所现代警务新体系。**其中，“芯”勤务是派出所层面围绕党和人民群众的要求，秉持“数据换人、系统换人”理念，通过业务重组、机制优化、科技赋能，提升警情处置、指挥调度、研判分析的能力，实现整体勤务高效运行的有效途径。“芯”执法是指在现代警务新体系变革背景下，以新时代“枫桥经验”为引领，以数字化信息技术手段为助力，构建具有“智能、高效、协同、科学”属性的执法勤务新模式。“芯”治理突出“预防警务”和“智慧管控”，推动基层治理业务协同、流程再造、机制优化，构建业务标准统一、管理部门联动、全域感知灵敏、评价科学精准的基层治理运行、防范体系。“芯”服务是在政务服务的视角下，以增强基层实力、激活基层活力、提升基层战斗力为目标，依托“公安大脑”体系建设，利用数字化支撑，通过对公安工作体制机制、组织架构、方式流程、手段工具进行根本变革的基层服务方式的创新。“芯”警营利于改善警营环境、提升警营文化、优化警营管理，逐步形成智慧化、人性化、生态化警营，实现“用科技解放警力”，提升民警获得感、归属感、幸福感，促进警队高效管理、运行。

（二）未来警营的深化发展

以生态、智慧、人文“三大警务”为载体，在落实“芯”勤务、“芯”执法、“芯”治理、“芯”服务、“芯”警营五条跑道的基础上，生成N个场景作为颗粒度，建成未来派出所的示范样板。在“芯”勤务跑道上，拓展接处警应用场景、综合指挥室应用场景，从警情源头抓起，对警情案件开展深度研判，实施精准打击。在“芯”执法跑道上，完善执法办案应用场景、犯罪打击应用场景，更新升级数字设备，推进执法办案规范化建设，深化打击专业化建设。在“芯”治理跑道上，构建流口管理应用场景、群众共治应用场景，建立“激励＋惩罚”的管理机制，选优配强网格团队力量，促进辖区动态化、精细化、预见性和整体性治理。在“芯”服务跑道上，丰富群众服务应用场景、助企安企应用场景，简化平台操作流程，拓展宣传覆盖面，指引群众线上自主申报。在“芯”警营跑道上，搭建民警健康管理场景、民警生活应用场景，开展警务中心物联网平台研发，推动队伍工作舒心化、便捷化、个性化、健康化发展。

三、以“未来警队”为抓手打造“美丽警队”升级版

湖州公安在党的二十大精神指引下，以公安工作现代化为目标，通过“未来警队”建设，打造“美丽警队”升级版。

（一）未来警队的建设思想

公安机关作为全面推进依法治国的生力军，必须毫不动摇地坚持新时代党的建警治警方针，将习近平法治思想作为未来警队建设的指导思想。在未来警队建设中，坚持政治建警、改革强警、科技兴警、从严治警，践行“对党忠诚、服务人民、执法公正、纪律严明”总要求，强化党对公安工作的绝对领导，提高政治判断力、政治领悟力、政治执行力，维护政治安全和社会稳定，提升公安工作法治化水平和执法公信力，提高警务运行质量和整体效能，推动警队革命化、正规化、专业化、职业化，建设符合新时代要求、体现实战化特点、具有湖州特色的现代警务新体系。

（二）未来警队的建设要求

湖州公安将紧紧围绕贯彻落实党的二十大精神、奋力推进公安工作现代化这一主题主线，聚焦聚力平安中国建设、法治中国建设

两大战略部署，健全完善同国家安全体系和能力现代化要求相适应的捍卫政治安全体系、维护社会稳定体系、公共安全治理体系三大职能体系，大力加强法治公安建设、智慧公安建设、基层基础建设、过硬队伍建设四个基本建设，努力以新安全格局保障新发展格局、以高水平安全保障高质量发展。

（三）未来警队的建设定位

湖州公安将围绕公安工作现代化这条主线，从思想理念、工作体系、履职能力、科技手段运用、专业素养等方面推进现代化，推动“美丽警队”建设提档升级、迭代完善。在“美丽警队”到未来公安建设中，坚持一以贯之的谋篇布局、战略战术的纲举目张、系统推进的探索实践和守正而进的目标定位，未来警队的创建主要定位在建设“五型”警队等方面：**其一，建设“忠诚型”警队**，坚持党对公安工作的绝对领导，体现绝对忠诚本色，这是基础，是根本，也是保证；**其二，建设“复合型”警队**，契合“大部门大警种制”改革思路，锻造“一警多能”“一队多能”“一队多职”的队伍；**其三，建设“智慧型”警队**，适应社会智慧化趋势，强调“人机合一”工作理念，培育智慧型公安队伍，以落实主防、主战和主训为抓手，实施智防、智战、智训、智保、智治战略；**其四，建设“生态型”警队**，从狭义生态拓展到广义生态，着眼于建设“大生态”格局下的忠诚干净担当之警队；**其五，建设“人文型”警队**，秉持以文育警、以文化警理念，通过不断灌输、启发和引导，锻造一支具有“四个铁一般”的现代湖州公安铁军。

第三节　“核心战斗力”不断迭代“美丽警队”之美

湖州公安深谙“罗马不是一天建成的”之至理所在，在“美丽警队”建设中，既脚踏实地，又仰望星空，正确处理和把握公安工作现代化、“美丽警队”建设与提升核心战斗力之间的关系，把“聚光灯”精准地打在提升核心战斗力上，致力于通过提升核心战斗力，不断深化“美丽警队”建设，扎实推进公安工作现代化。

一、核心战斗力是“美丽警队”建设和公安工作现代化的强大引擎

打开思维的疆界，往往能看到不同的风景。深化“美丽警队”建设是全局思维下的产物。全局思维是一种战略思维，考虑问题由点及线、由线到面，并以放大的格局去思考，是一种从微观拉伸到宏观、再从宏观聚焦到微观的思维过程，其目的在于透过表象抓住问题的本质和关键，从而实现“举一纲而万目张”的效果。

时代赋予使命，也赐予机遇。“美丽警队”建设与公安工作现代化在价值理念、组织体系、政策制度、运行机制等方面具有高度一致的方向和目标。核心战斗力脱胎于战斗力，但又区别于战斗力，是公安战斗力的提炼和升华，是履行新时代公安职责使命之“核武器”，是湖州公安高质量发展之“金钥匙”，也是站在未来看当下的一道“必答题”“必得题”。实践证明，一个缺乏核心战斗力的警队绝不可能是“美丽警队”，也绝不可能走向公安工作现代化。核心战斗力是制胜之要、打赢之本，是实现强警目标的强大引擎和不竭动力，是警队建设中最积极、最活跃的因素，是最现实、最直接的战斗力，也是实现强警目标的衡量标尺。

2022年，公安部提出，加快推进同警务体制改革相适应、相衔接、相配套的机制改革，推动各项公安改革系统集成、高度融合、协同高效，推动公安工作高质量发展，更好服务党和国家工作大局。湖州公安结合实际，进一步明晰公安机关之职能定位，作出“市县主战、派出所主防、全警主训”工作布局，通过开展科学有效的“全警主训”，不断提升公安队伍核心战斗力，并以此确保履行“市县主战、派出所主防”职责。“主战”“主防”以核心战斗力为基础，“主战”“主防”的成效是核心战斗力的具体体现，也是检验核心战斗力高低的试金石。

二、提升核心战斗力是公安机关履行新时期职责使命的关键所在

> 提升核心战斗力是全面落实“市县主战、派出所主防、全警主训”的必要条件，是警务工作更好地适应现实需要的重要抓手，也是公安机关切实履行好时代职责和使命的重要保证。

提升核心战斗力是落实好“主战”的核心所在，也是深化“美丽警队”建设的直观体现。“市县主战”既是职能定位，也是作战模式，在实际工作中，是“主动出击”与“被动接招”的结合体。“主动出击”是一种“主动警务”，是建立在各类“感知”基础上的拒止作战，而“被动接招”是一种传统的应对和处置模式，是“发而止之谓之救”的思维表现。置身大数据时代，信息的前置性和敏感度决定了公安机关有条件实现更多的“主动作战”模式。

提升核心战斗力是落实好“主防”的基础所在，也是深化“美丽警队”建设的直观体现。“为之于未有，治之于未乱”是社会治理的最高境界，防范的目的在于平安，平安是硬目标，是人民群众安全感最为直观的感受，也是体现满意度的重要依据。实现平安这一硬目标，防范是抓手，是硬道理，只有强化防范，才能确保人民群众的生命、财产安全，才能最大限度地少发案、不发案。“主防”

是“先其未然谓之防”的思维体现，属于“预防警务”范畴，是谋于“未雨绸缪”，立足“未亡羊时先补牢”的明智选择，是派出所履行“守土有责”之职业操守。预防警务之目的是降警情、控发案、除隐患，推动社会治安可控可防，实现社会治安良性循环。

提升核心战斗力是落实好“主训”的路径所在，也是深化“美丽警队”建设的直观体现。“主训”是基础性、支撑性和前瞻性工作，是落实“主战”“主防”的前提和基础。要紧紧围绕实战、实用和实效，按照政工搭台、全警唱戏、警种主抓模式，在职责履行分工上开展分级、分类、分层等教育培训，在教育训练模式上，以普训、专训、特训等多种形式相结合，着力提升警队整体素质，为做好“主战”与“主防”打下坚实基础。

深化“美丽警队”建设，实现其“进阶”目标，离不开拨云除雾的“实”和千钧之力的“干”。漫漫征途，不可能永远坦途阔野，但暗礁险滩终究阻挡不了奔腾不息的江河。奔跑在深化“美丽警队”建设的赛道上，湖州公安深知，既要守正，也要创新，既要有收获的自信，也要有挑战的正视，基于创新思维下“春来发几枝”和传承理念下“老树长新芽”之合力作用，“美丽警队”建设的明天一定会更美好。“凡属过往，皆为序章。”昨日之努力铸就今日之辉煌，今日之辉煌成为未来之起点，“美丽警队”建设只有逗号，没有句号，现代警务新体系的探索与实践“永远在路上”，变与不变的叠加、融合，守正与创新的律动、递进，彰显着守正创新、丰富发展的永无止境。

“与时俱进”的旋律是伴随湖州公安深化“美丽警队”建设的主基调，湖州公安将在进一步深化认识、把握逻辑、主动作为的基础上，立足深谋举措、完善方式、强力推进，始终保持上下同心、协同发力、实干争先的姿态，进一步深化现代警务新体系理论与实践之探索，将“实干争先、勇立潮头”的生动画面变为现实，催生湖州公安绽放忠诚之美、智慧之美、刚柔之美、清涟之美、和合之美。

市县主战
派出所主防
全警主训

后 记

Postscript

最纯粹的美，不需要任何修饰。美丽是秀外慧中之体现，具有引人向善、给人愉悦之作用和力量。“美丽警队”不仅具备专业技能和勇气，还注重外在形象和礼仪，更展现高度的职业素养和形象魅力。《在湖州看见美丽警队——现代警务新体系的理论与实践》一书是湖州公安创新警务模式、建设“美丽警队”的缩影和印记，通过真实刻录全市公安机关在助推建设“美丽中国”“在湖州看见美丽中国”幸福图景中主动站位、找准坐标、砥砺奋进的实践路径，提供建设新时代现代警务体系之“湖州样本”。本书以传承湖州公安的历史经验和优良传统为基础，结合现代警务体系的理论和实践，融入了创新思维和方法，是基于传承、合于时代、始于创新之结晶。

创新是灵魂，创造是梦想。只有掌握创新的密钥，才能开启创造力的胜利之门。创新是破题、破冰和破壁之法宝，是激发创造力之基础，没有创新和创造就没有事业的发展和进步。创新和创造是湖州公安的永恒特色，也是其奋斗的动力源泉。作为“绿水青山就是金山银山”理念诞生地的公安机关，湖州公安始终坚定政治站位，以人民为中心、勇于创新实干。我们不局限于固有思维，敢于突破，不畏难以解决问题，而是将每一个问题视为腾飞的“切线”，在创新和创造的赛道上彰显活力，在秀美的山水间闪耀出独特的魅力。

近年来，湖州公安巧妙地找到了“绿水青山就是金山银山”理念与“美丽中国”“在湖州看见美丽中国”“在湖州看见美丽警队”之间的逻辑关系，形成了完整的闭环。我们锚定“湖州大地更美丽、人民生活更美好、公安形象更美誉”愿景，紧盯“在湖州看见美丽警队”目标，找到了具有时代味、湖州味和公安味的“三大警务”，作为驶向美丽彼岸的“桥”和“船”，唱响了“在湖州看见美丽警队”之品牌，助推了“美丽中国”“在湖州看见美丽中国”建设，为推动公安工作高质量发展并迈向现代化贡献了湖州公安力量。在“美丽警队”建设中，我们从心有所想到行有方向，实现从无到有向从有到优的转变，形成了以生态警务引领、智慧警务赋能、人文警务内驱的现代警务新体系。没有激流，无所谓勇进，没有山峰，谈不上攀登。在“美丽警队”建设进程中，我们坚持在激流勇进中收获硕果，在勇攀高峰中领略胜景，全体公安民（辅）警心手相牵，各展风采，就像辛勤的蜜蜂一样，无论身处花海还是荆棘，都以收获甜蜜为目标。

“路漫漫其修远兮，吾将上下而求索。”湖州公安将始终保持“没有目标的船，任何方向的风都不是顺风”的清醒认识，在“美丽警队”建设中重目标、重战略、重战术、重变革，力求激活警务工作的一池春水，我们以创新为引擎，变找惯例为创先例、变路径依赖为模式创新，推动“美丽警队”建设向纵深发展。建设“美丽警队”任重道远，但我们深信，“路虽远，行则将至；事虽难，做则必成”，只要我们勇于前行，即使遇到成长中的烦恼，我们也能克服。随着雁阵式群英示范带头和创新型气质的逐步养成，未来公安建设之路将充满东风。

在时代的风口上，湖州公安自觉将“美丽警队”建设提升至更高的坐标和段位，以完善升级推动未来警务、未来警营和未来警队的建设发展，全面落实主战、主防、主训理念，努力呈现湖州警队至忠、至淳、至臻之美，真正实现湖州公安队伍和公安工作从优秀向卓越之跨越。

为总结理论研究和实际应用方面的探索成果，2023 年 3 月 8 日，我们首次召开了现代警务体系理论研讨会，决定分阶段实施攻坚行动，形成具有湖州公安辨识度的标志性研究成果。4 月 3 日，我们提出了“逻辑要清、视野要远、功夫要深”的要求，旨在形成“实践升华理论、理论指导实践”工作闭环。这一要求的提出，标志着湖州公安在理论和实际应用方面的研究进入新的阶段。随后，7 月 20 日，中国人民公安大学警察法学研究中心主任邢捷教授来湖州考察。在双方的交流中，邢教授对研究工作给予了高度评价，并表示愿意提供进一步的支持和帮助。8 月 24 日，中南财经政法大学刑事司法学院教授、犯罪治理研究院院长杨宗辉来湖州考察，杨教授对于湖州公安在生态警务实践方面所取得的成绩给予了充分的肯定，并提出了宝贵的建议。这些建议，不仅为湖州公安顺利完成本书编著工作提供了坚实基础，也为湖州公安进一步推进现代警务体系理论研究和实践提供了重要指导。

梦想之拥有体现智慧，梦想之实现彰显能力。湖州公安以“美在透彻、妙在拨云见日、玄在解渴解困、贵在众里寻他千百度”为目标，多次召开各类座谈会，聆听学术之声，点燃思维之火。在本书的编写过程中，感谢所有付出努力的人们，特别是湖州公安的战友们，他们的无私奉献和坚毅精神使此项工作得以顺利完成。感谢杨宗辉教授亲笔作序，感谢邢捷教授、王应富副教授等专家学者全程参与编写，还有法律出版社的编辑老师们细致入微的具体指导，他们的专业性和严谨性对此编著的出版起到了关键作用。在编写过程中，湖州公安始终坚持从公安之外的角度审视工作，同时也不断跳出湖州的既定思维和视角去看待问题，不断深化对公安工作规律性的理解，不断吸纳专家学者的理论认知，旨在使本书有理论、有实践、可复制、可借鉴。如同“众人拾柴火焰高”，正因为有各级领导、专家学者、媒体朋友的大力支持，本书才能顺利编写出版并呈现给广大读者，在此深表谢意！

“纸上得来终觉浅，绝知此事要躬行。”由于编写经验尚且欠缺，书中难免存在疏漏和不足之处，我们在此向读者表示歉意并恳请指正。希望我们的努力，能为推动公安工作的高质量发展并迈向现代化作出贡献。

2023 年 10 月 30 日

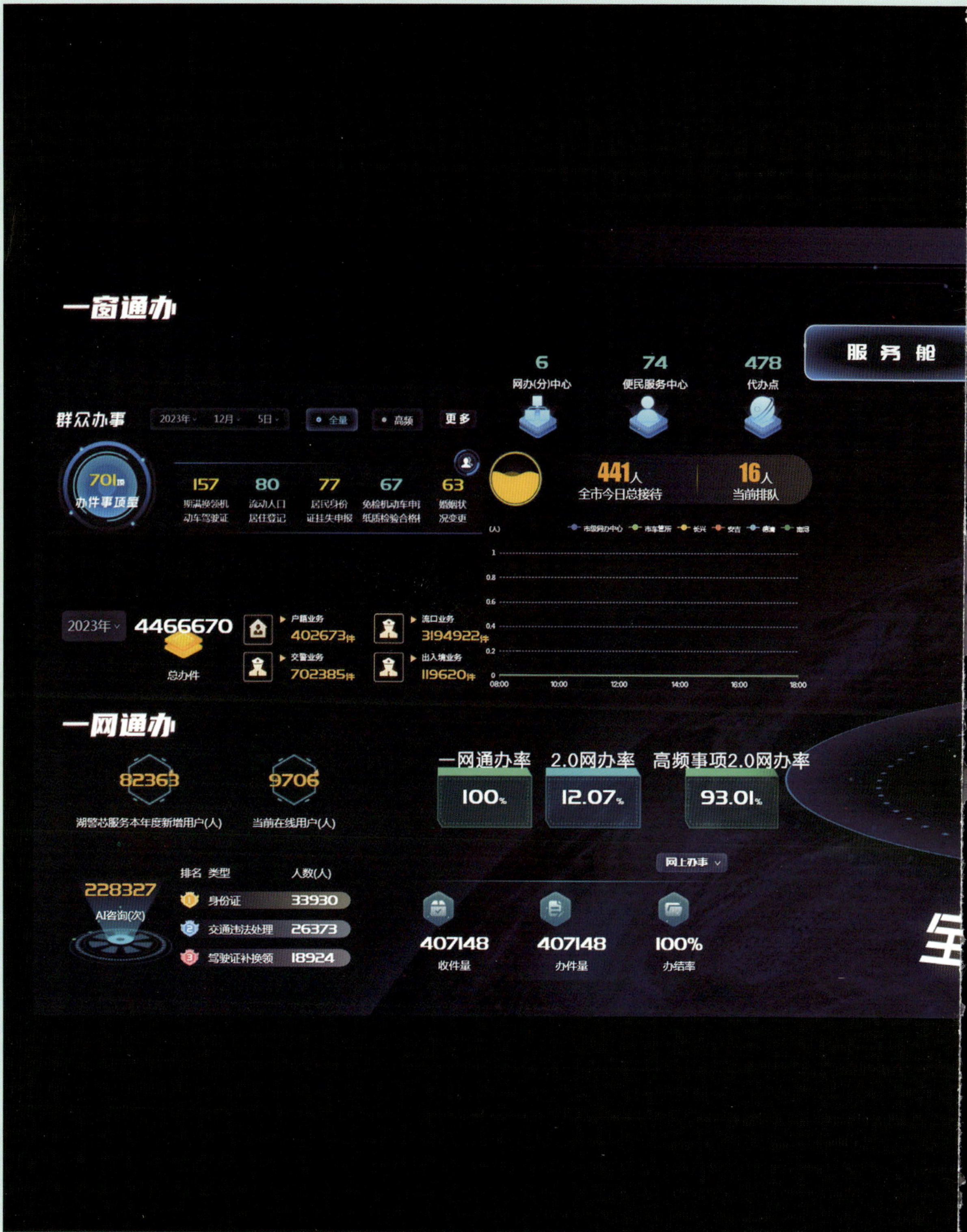

一窗通办
服务舱
6
网办(分)中心
74
便民服务中心
478
代办点
群众办事
2023年
12月
5日
全量
高频
更多
701项
办件事项量
157
期满换领机动车驾驶证
80
流动人口居住登记
77
居民身份证挂失申报
67
免检机动车申请纸质检验合格
63
婚姻状况变更
441人
全市今日总接待
16人
当前排队
2023年
4466670
总办件
户籍业务
402673件
流口业务
3194922件
交警业务
702385件
出入境业务
119620件
08:00
10:00
12:00
14:00
16:00
18:00
一网通办
82363
湖警芯服务本年度新增用户(人)
9706
当前在线用户(人)
一网通办率
100%
2.0网办率
12.07%
高频事项2.0网办率
93.01%
228327
AI咨询(次)
排名 类型 人数(人)
身份证 33930
交通违法处理 26373
驾驶证补换领 18924
网上办事
407148
收件量
407148
办件量
100%
办结率

智手脚
PCSZZP
YF
YTHZH
SYRKFX
1,330
1,147
0.86%

湖警智治·芯大脑
120,203,220,403
数据总量
3,277,108
实时人口
流入 1,230
流出 1,099
38,140
在途车辆
流入
流出
958
情总数
-43.25%
1.12
交通
69.23
反诈指数
1.86%
79.79
三能指数
11.86%
五大模块
八大能力

菰城美警·心服务
窗口“馨”服务
在线“芯”服务
特色“新”服务
民生“欣”服务
境外人口
1188
今日增加:0
户籍人口
2686572
今日增加:6
流动人口
1720979
今日增加:8275
重点企业
3851
今年增加:4592
涉外企业
246
今年增加:0
行业场所
今年增加:4592
一般企业
105492
今年增加:4502
新能源车保有量
82596
今日增加:167
全部车辆保有量
1902644
今日增加:362
一屏管理
99%
窗口好评评议
100%
双随机抽查覆盖率
100%
行政审批按期办结率
1635256条
证照到期预警
3649条
超期办件预警
全要素共享

勤务等级:平
云眼睛
感知数据
18,545,149,695
6,582,943,419
4,651,882,642
52,013,849
808,096,054
YY
YJ
SPTX

星”服务

1584吨 网办降碳量

91847元 降碳绿色价值

14076.123千米 群众少跑距离

2346021小时 群众省时量

160人 警务资源节省量

理

一站集成

安骑 | 失物招领 | 云保标 | 反诈一哥

守护商标总数 220个

湖州驰名商标 40个

追回损失金额 5005万元

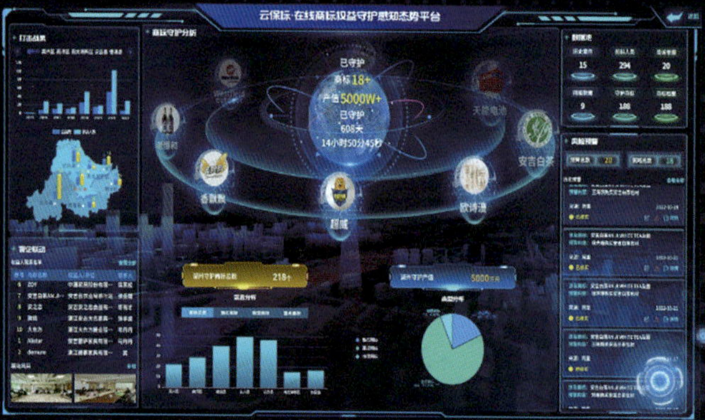

一体响应

75053起 救助类警情

6004人 救助

287人 无户口人员落户

24399条 民意诉求

团青服务 340次

金点子征集 2160条

见义勇为招奖 39人

区县	民意诉求办结(件)	当前在办(件)
吴兴区分局	4764	82
南浔区分局	4083	79
德清县局	3969	70
长兴县局	3366	19
安吉县局	1711	22
南太湖新区分局	4264	45
织里分局	1521	10

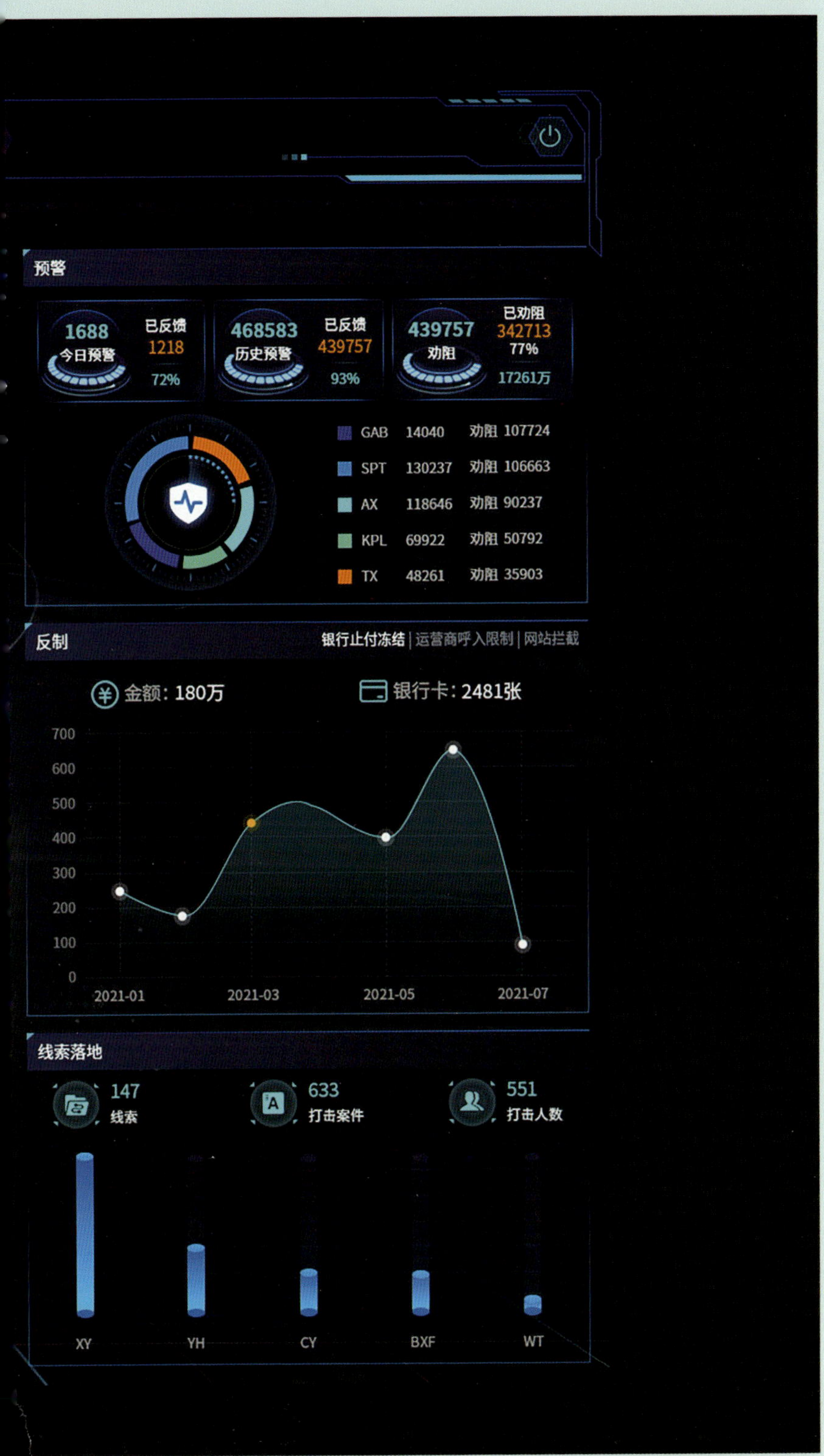
预警
1688
今日预警
已反馈
1218
72%
468583
历史预警
已反馈
439757
93%
439757
劝阻
已劝阻
342713
77%
17261万
GAB 14040 劝阻 107724
SPT 130237 劝阻 106663
AX 118646 劝阻 90237
KPL 69922 劝阻 50792
TX 48261 劝阻 35903
反制
银行止付冻结 | 运营商呼入限制 | 网站拦截
金额：180万
银行卡：2481张
700
600
500
400
300
200
100
0
2021-01
2021-03
2021-05
2021-07
线索落地
147
线索
633
打击案件
551
打击人数
XY
YH
CY
BXF
WT

警务概况 镇域概况 详情

莫干山镇位于德清县西部，东接武康街道，南邻杭州市余杭区百丈镇、黄湖镇，西连安吉递铺镇，北靠吴兴区埭溪镇。2016年成立以庾村4A级景区和劳岭村、五四村等10个行政村为主的莫干山国际旅游度假区，2020年成功创建为国家级旅游度假区，实行区镇融合运作。

镇域概况

行政村及社区	总人口	镇域面积
17 个	3.3 万人	191.38 km²
境外人员	常住人口	新居民
15 人	3.26 万人	1.76 万人

人口概况

年龄 性别

18岁及以下	4,212 人
18~35岁	6,676 人
35~60岁	12,205 人
60岁及以上	9,535 人

莫干数字治理一张图
多云
首页
基础智治
社情民意
生态预警
交通畅行
应急联动
数字乡村
人车预
停留2/
生态指
林区
报警
渣土
预警
外牌
GPS
外牌
水利
测站
劳岭
石颐
长林
进入地图

首页
防范管控
紧急处置
侦查打击
决策分析
系统管理
2250000热线
反诈码
社区网格治理
重点人员管控
两卡治理
联席办
警情分析
警情流转
现场通查
拦截反制
预警劝阻
案件初查
串并分析
类案分析
要素分析
线索预警
线索经营
笔录助手
警企合作
宣传防范分析
源头治理分析
警情统计
预警劝阻分析
勘查分析
侦查打击分析
发案区域分析
反诈指数
/05/06 - 20/06/06
反诈一哥
系统管理
紧急处置
侦查打击
案件态势
刷单返利类
虚假购物、服务类
贷款、代办信用卡类
杀猪盘
冒充电商物流客服类
62
162
76
373
357
442
26
2022-01
2021-01-02
2021-01-03
2021-01-04
2021-01-05

打防电诈一体化应用
首页
225000热线 | 微信端
序号 区县 电话咨询 劝阻金额 劝阻案件
1 南浔区 649 148万 112
2 安吉县 932 145万 37
3 德清县 1451 36万 40
4 长兴县 820 16万 33
5 吴兴区 6075 15万 374
网格治理 | 反诈宣传
易受骗人数 走访人数
长兴县 44795 39644 95%
安吉县 40242 35541 94%
德清县 38849 34441 95%
吴兴区 36746 32572 94%
南浔区 31840 28178 93%
南太湖 22231 19682 94%
织里 1367 1208 95%
受害人特征 | 诈骗途径 | 热词 | 涉案金额
请选择
性别 829 55% 671 45%
年龄 99 18岁以下 377 18-24岁 820 25-40岁 199 41-65岁 5 65岁以上
户籍 592 湖州 26 杭州 18 温州 14 金华 12 绍兴
职业 398 其他 339 工人 163 个体户 137 学生 76 无业人员

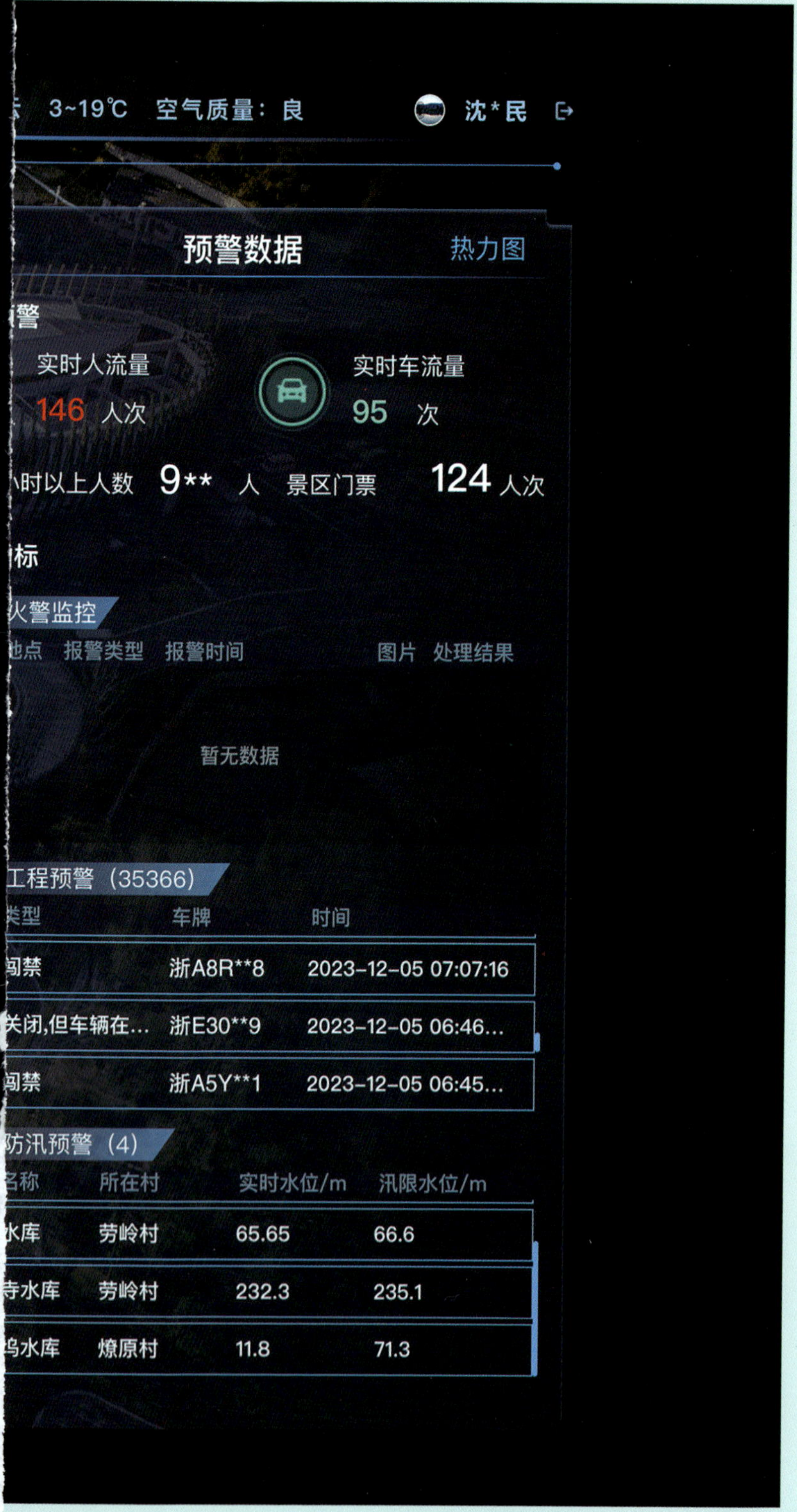
3~19℃ 空气质量：良
沈*民
预警数据
热力图
实时人流量
146 人次
实时车流量
95 次
小时以上人数 9** 人
景区门票 124 人次
火警监控
地点 报警类型 报警时间 图片 处理结果
暂无数据
工程预警（35366）
类型 车牌 时间
闯禁 浙A8R**8 2023-12-05 07:07:16
关闭,但车辆在… 浙E30**9 2023-12-05 06:46…
闯禁 浙A5Y**1 2023-12-05 06:45…
防汛预警（4）
名称 所在村 实时水位/m 汛限水位/m
水库 劳岭村 65.65 66.6
寺水库 劳岭村 232.3 235.1
坞水库 燎原村 11.8 71.3